Lösungen

Kleines Lesetraining

Seite 4 **1** Erich Kästner (1899–1974)
Besuch vom Lande

Sie stehen verstört am **Potsdamer Platz**.
Und finden **Berlin** zu laut.
Die Nacht glüht auf in Kilowatts.
Ein Fräulein sagt heiser: „Komm mit, mein Schatz!"
5 Und zeigt entsetzlich viel **Haut**.

Sie **wissen** vor Staunen nicht aus und nicht ein.
Sie stehen und wundern sich **bloß**.
Die Bahnen rasseln. Die Autos schrein.
Sie möchten am liebsten zu **Hause** sein.
10 Und finden Berlin zu groß.

Es klingt, als ob die Großstadt stöhnt,
weil irgendwer sie schilt.
Die Häuser funkeln. Die U-Bahn **dröhnt**.
Sie sind das alles so gar nicht gewöhnt.
15 Und finden **Berlin** zu wild.

Sie machen vor Angst die Beine **krumm**.
Und machen alles **verkehrt**.
Sie lächeln bestürzt. Und sie warten dumm.
Und stehn auf dem Potsdamer Platz **herum**,
20 bis man sie überfährt.

Seite 5 **2** Die Adjektive lauten: laut, groß, wild.

Seite 5 **3** Erich Kästner (1899–1974)
Stiller Besuch

Jüngst war seine Mutter zu Besuch.
Doch sie konnte nur zwei Tage bleiben.
Und sie müsse Ansichtskarten schreiben.
Und er las in einem dicken Buch.

5 Freilich war er nicht sehr aufmerksam.
Er betrachtete die Autobusse
und die goldnen Pavillons am Flusse
und den Dampfer, der vorüberschwamm.

Seine Mutter hielt den Kopf gesenkt.
10 Und sie schrieb gerade an den Vater:
„Heute Abend gehen wir ins Theater.
Erich kriegte zwei Billetts geschenkt."

Und er tat, als ob er fleißig las.
Doch er sah die Nähe und die Ferne,
15 sah den Himmel und zehntausend Sterne
und die alte Frau, die drunter saß.

Beilage zu P.A.U.L. D. 9, Arbeitsheft, © Westermann Gruppe, Best.-Nr. 028030 und 145091

Einsam saß sie neben ihrem Sohn.
Leise lächelnd. Ohne es zu wissen.
Stadt und Sterne wirkten wie Kulissen.
20 Und der Wirtshausstuhl war wie ein Thron.

Ihn ergriff das Bild. Er blickte fort.
Wenn sie *mir* schreibt, musste er noch denken,
wird sie ihren Kopf genauso senken.
Und dann las er. Und verstand kein Wort.

25 Seine Mutter saß am Tisch und schrieb.
Ernsthaft rückte sie an ihrer Brille,
und die Feder kratzte in der Stille.
Und er dachte: Gott, hab ich sie lieb!

Seite 6 **4** Die fett gedruckten Informationen (mit Ausnahme der Überschrift) müssen korrigiert werden.

Kästners Beziehung zu seiner Mutter

Erich Kästner wurde 1899 in *Dresden* **München** geboren und starb 1974 in *München* **Dresden**. Kästner hatte zu seinem Vater, der *Sattlermeister* **Friseur** war, ein gutes Verhältnis, die Beziehung zu seiner Mutter, einer *Friseuse* **Schneiderin**, war jedoch eine ganz besondere. Gemeinsame Unternehmungen wie Theaterbesuche oder ausgedehnte Wanderungen bereits in der Jugend schmiedeten Mutter und Sohn eng zusammen.

Mit besonderem Ehrgeiz und unter Aufbringung vieler Opfer verfolgte die Mutter ihr Ziel, dem Sohn eine anspruchsvolle Ausbildung und den von den Eltern geschürten Berufswunsch *Lehrer* **Schriftsteller** zu ermöglichen. Daraus entwickelte sich jedoch auch ein Abhängigkeitsverhältnis des Sohnes von der Mutter, unter dem dieser gelitten hat, weil er eine besondere Verantwortung verspürte, es der Mutter recht zu machen. Zu diesem Problem schrieb Kästner in seinem *1957* **1953** erschienenen Buch „**Als ich ein** *kleiner* **Junge** war":

„All ihre Liebe und Fantasie, ihren ganzen Fleiß, jede Minute und jeden Gedanken, ihre Existenz setzte sie fanatisch auf eine Karte, auf mich. Ihr Einsatz hieß: Ihr Leben mit Haut und Haar!"

Seite 8 **5** a) Autobiografie
b) nach Kriegsende
c) Germanistik
d) Darin wird eine realistische Kinderwelt geschildert.
e) Er legte sich ein Pseudonym zu.
f) „Pinguin"

Daten	Ereignisse
1899	Geburt in Dresden
1925	Abschluss des Studiums
1927	Übersiedlung nach Berlin
1929	Erscheinen von „Emil und die Detektive"
1933	Verbrennen der Bücher durch die Nationalsozialisten
1942	Schreibverbot
ab 1945	Übersiedlung nach München, Leitung der Tageszeitung „Die Neue Zeit", Gründung der Kinderzeitschrift „Pinguin"
1957	Erscheinen der Autobiografie „Als ich ein kleiner Junge war"
ab 1964	Rückzug aus der Öffentlichkeit
1974	Tod in München

Seite 9 7

Die richtige Reihenfolge lautet: D, C, B, F, E, A.
- Den ersten Textteil bildet **Abschnitt D**, weil hier das Thema genannt und dann auf den schriftlichen Sprachgebrauch eingegrenzt wird („Wenn ich *heute* ..." – „... und hier vor allem zunächst ...").
- Den zweiten Textteil bildet **Abschnitt C**, weil hier Beispiele aus dem Bereich des schriftlichen Sprachgebrauchs genannt werden („Es erbittert mich *zum Beispiel* ...").
- Den dritten Textteil bildet **Abschnitt B**, weil hier zu einem weiteren Beispielbereich gewechselt wird („*Aber auch* euer mündlicher Sprachgebrauch ...").
- Den vierten Textteil bildet **Abschnitt F**, weil hier ein Zugeständnis gemacht wird, das sich auf den mündlichen Sprachgebrauch bezieht („*Ihr könntet* euch in tadellosem Deutsch mündlich ausdrücken ...").
- Den fünften Textteil bildet **Abschnitt E**, weil hier Beispiele für andere kulturelle Bereiche (vgl. das Ende von Abschnitt B) genannt und diese erklärt werden („*Was ich meine*, ist dies: ...").
- Den sechsten Textteil bildet **Abschnitt A**, weil hier eine Zusammenfassung gegeben und diese angekündigt wird („*Ich fasse zusammen*: ...").

Seite 11 8

- Verallgemeinerung: Abschnitt B: „Tausende von Eltern, Lehrern und sprachbegabten Erwachsenen müssen diesen Brei täglich ertragen."
- Berufung auf Autoritäten: Abschnitt C: „... alle Deutschlehrer können dies bestätigen."
- Zugeständnis: Abschnitt C: „Immerhin, so sehr es mich stört, ist es vielleicht nicht ganz so schlimm."
- Beispiel: Abschnitt B: „‚Echt geil', ‚irgendwie ätzend', ‚total abgedreht' ..."
- Zusammenfassung: Abschnitt A: „Ich fasse zusammen: ..."
- Rückblick auf die Vergangenheit: Abschnitt D: „... als ich so alt war wie ihr ..."
- direkter Vorwurf: Abschnitt B: „Aber auch euer mündlicher Sprachgebrauch ist eine Katastrophe!"

Für alle Argumentationsweisen gibt es weitere Beispiele im Text.

Seite 11 9

Der Autor kritisiert in dem Text die fehlenden kulturellen Kenntnisse Jugendlicher. Dieses versucht er vor allem anhand des Sprachverhaltens der jungen Menschen deutlich zu machen.

Erzähltexte beschreiben und deuten

Die Handlung und ihren Aufbau untersuchen

Seite 13 ▎**1** Z. 1–7: negative Beschreibung Kirstens/Gespräch zwischen Kirsten und dem Jungen/Erzählerin denkt, dass Kirsten mit dem Jungen flirtet/Neid der Erzählerin auf Kirsten

Z. 8–14: Annäherung zwischen Kirsten und dem Jungen/der Junge legt den Arm um Kirsten/Erzählerin hält die Situation nicht mehr aus und flieht/Selbstmitleid und Rachegedanken der Erzählerin

Z. 15–19: der Junge und die Erzählerin verlassen die Party/Erleichterung Kirstens/ negatives Urteil des Jungen über Kirsten/Reaktion der Erzählerin/die Erzählerin erkennt ihre unbegründete Eifersucht/Scham und Zurücknahme der vorherigen negativen Aussagen über Kirsten

Seite 13 ▎**2** Zutreffend sind die Aussagen: a), c) und e).

Die Einleitung einer Textanalyse verfassen

Seite 14 ▎**1** Autor: Tanja Zimmermann; Titel: Eifersucht; Textsorte: Kurzgeschichte; Erscheinungsjahr: 1984; Ort: Diskothek/Party; Zeit: Gegenwart (bzw. 80er-Jahre); Inhalt/Handlungsüberblick: Erzählerin und Junge gehen zusammen aus/Zusammentreffen mit Kirsten, einer Bekannten/Kirsten flirtet mit dem Jungen/Erzählerin geht auf die Toilette/Erzählerin und der Junge verlassen die Diskothek oder Party/Aussprache über Kirsten/Einsicht der Erzählerin in ihre unbegründete Eifersucht

Seite 14 ▎**2** Zutreffend sind die Aussagen b), c) und d).

Seite 14 ▎**3** Die Kurzgeschichte „Eifersucht" von Tanja Zimmermann wurde 1984 veröffentlicht. Die Kurzgeschichte spielt in der Gegenwart und handelt von einer Eifersuchtsszene auf einer Party oder während eines Diskothekenbesuches. In der Kurzgeschichte wird erzählt, dass die Ich-Erzählerin mit einem Jungen zusammen eine Party oder Diskothek besucht. Hier treffen sie eine gemeinsame Bekannte, ein Mädchen namens Kirsten. Kirsten flirtet mit dem Jungen. Dies macht die Ich-Erzählerin so wütend, dass sie Kirsten innerlich beschimpft und auf die Toilette flieht, weil sie die Annäherungsversuche Kirstens und die anscheinend positive Reaktion des Jungen nicht erträgt. Als sie von der Toilette kommt, fragt der Junge, ob sie mit ihm die Party oder die Diskothek verlassen wolle. Die Ich-Erzählerin fragt ihn, was mit Kirsten sei. Der Junge antwortet, dass er Kirsten nicht attraktiv finde. Darauf schämt sich die Ich-Erzählerin für ihre unbegründete Eifersucht und sagt, dass sie Kirsten eigentlich ganz nett fände.

Die Erzähltechnik untersuchen

Seite 15 ▎**1** Zutreffend sind die Aussagen b), e) und f).

Seite 16 ▎**2** Bei der Kurzgeschichte handelt es sich um eine Ich-Erzählung. Die Erzählerin tritt selbst in Erscheinung. Das Erzählverhalten ist personal, weil der Leser nur die Wahrnehmungen, Gedanken und Gefühle der Erzählerin mitgeteilt bekommt. Es wird durchgängig in der Innensicht in Form des inneren Monologs davon erzählt, wie die Erzählerin die Begegnung mit Kirsten erlebt.
Durch diese Erzähltechnik kann sich der Leser besonders gut mit der Erzählerin und ihrer Situation identifizieren. Er erlebt so die Eifersucht, die Ängste, den Neid sowie die Einsicht in deren Unbegründetheit unmittelbar – sozusagen „live" – mit.

Figuren und ihre Beziehungen untersuchen

Seite 16 **1** Erzählerin – Kirsten: Neid/Gefühl der Unterlegenheit in Bezug auf die Attraktivität/Wut .../Kirsten beachtet die Erzählerin nicht ...
Erzählerin – Freund der Erzählerin: Angst der Erzählerin, ihn zu verlieren/Eifersucht/ Zweifel an seinem Interesse an ihr .../Treue des Jungen am Ende/Sympathie- bzw. Liebesbeweis
Kirsten – Freund der Erzählerin: Kirsten flirtet mit dem Jungen/Interesse .../kein Interesse des Jungen an Kirsten/Ablehnung ihres extrovertierten Verhaltens ...

Seite 17 **2** Eine mögliche Lösung könnte folgendermaßen aussehen:

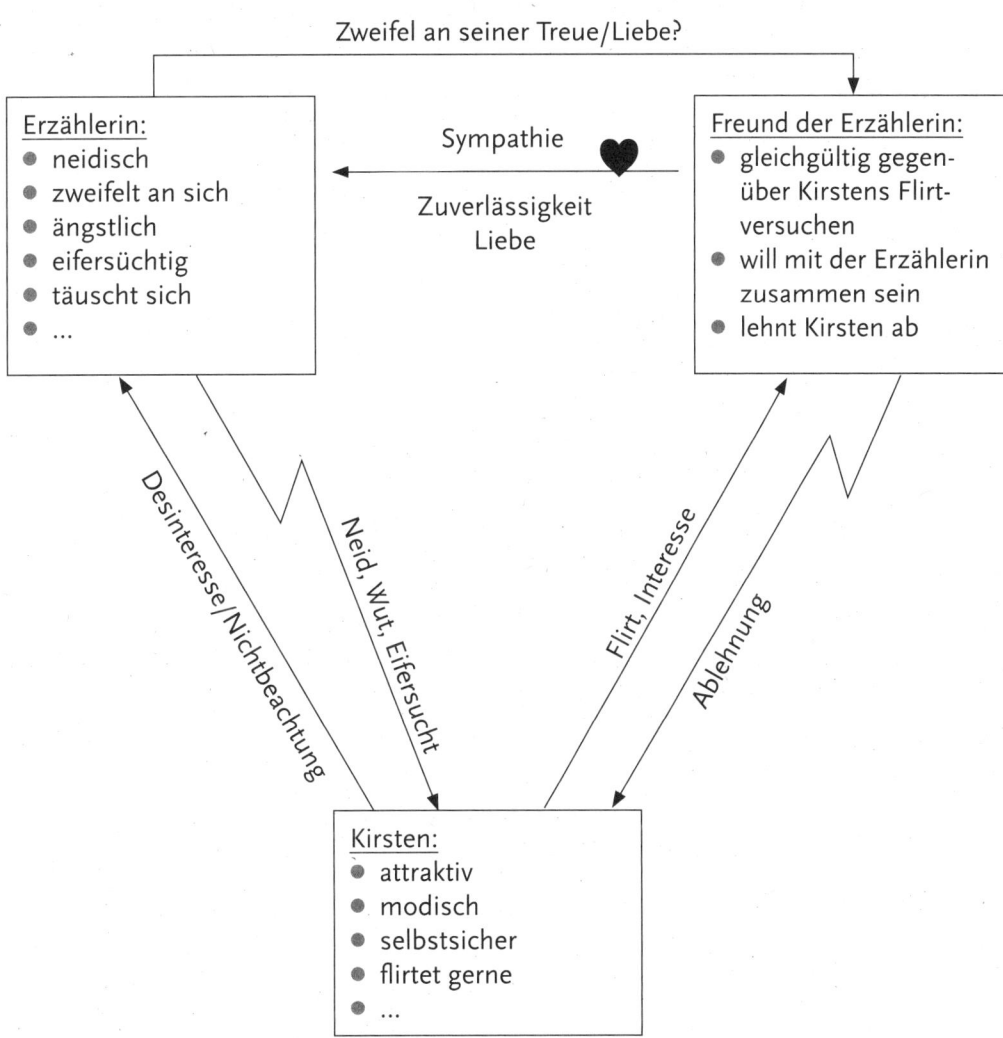

Die sprachliche Gestaltung beschreiben und untersuchen

Seite 18 **1** Folgende Beispiele zeigen u. a., dass der Text die Form eines inneren Monologs besitzt:
Z. 6: „Besser als ich." (Ellipse)
Z. 8: „Und der redet mit der ... stundenlang." (Satzunterbrechung/falscher Satzbau)
Z. 11f.: „Auf dem Klo ... könnte kotzen."/Z. 13f.: „Genau, ich müsste ... zu unterhalten."
(teilweise elliptische und nicht durch Konjunktionen verbundene Parataxen)

Seite 18 **2** Folgende Textstellen zeigen u. a. die umgangssprachliche Wortwahl der Kurzgeschichte:
Z. 2f.: „Von nix und wieder nix"/Z. 4: „wie 'ne"/Z. 8: „Und der redet mit der ..."/
Z. 8: „Nee"/Z. 11f.: „ich könnte kotzen" /Z. 16f.: „An der Tür frage ich, was denn mit Kirsten ist." (Präsens statt Präteritum)/Z. 19: „Och, ich find' die ganz nett, eigentlich […]"

Seite 18 **3** Die Wortwahl und der Satzbau sind typisch für die Sprache eines jugendlichen Mädchens. So wird beim Leser die Illusion verstärkt, dass er die Eifersuchtsszene direkt aus der Perspektive der Erzählerin wahrnimmt. Dieser Eindruck des direkten Erlebens des Geschehens wird noch durch die durchgehende Verwendung des Präsens verstärkt.

Seite 18 **4** Es wird wiederholt, dass Kirsten keine „Ahnung habe, „von nix". Damit wird ein Gegensatz zwischen der äußeren Attraktivität Kirstens und ihrer charakterlichen Oberflächlichkeit aufgebaut. Die Erzählerin charakterisiert Kirsten einleitend einerseits als attraktiv, relativiert dieses positive Urteil aber, indem sie durch die Wiederholung Kirsten zugleich als äußerst dumm darstellt.

Seite 19 **5**

Textstelle	Art des sprachlichen Bildes	Deutung
Z. 4: „wie 'ne Filmdiva"	Vergleich	Der Vergleich zeigt, dass Kirsten nicht nur gut aussieht, sondern sich dieser Attraktivität auch bewusst ist. Sie tritt selbstbewusst und selbstsicher auf, ist gewohnt, von anderen bewundert zu werden und im Mittelpunkt zu stehen.
Z. 18: „eine Nervtante"	Metapher	Die Metapher zeigt, dass der Junge genau wie die Erzählerin Kirsten für geschwätzig, affektiert und oberflächlich hält.

Den Titel untersuchen

Seite 19 **1** Der Titel „Eifersucht" stellt das eigentliche Problem der Erzählerin heraus. Sie hat Angst, dass Kirsten ihr den Freund wegnimmt. Deshalb verurteilt und beschimpft sie Kirsten innerlich. Am Ende stellt sich heraus, dass die Eifersucht unbegründet ist. In dem Titel schwingt auch mit, dass die Erzählerin auch eifersüchtig auf die Eigenschaften Kirstens ist, die sie selbst nicht besitzt.

Seite 19 **2** freie Aufgabe

Zitiertechnik

Seite 21 **1**
- Die Ich-Erzählerin ist neidisch auf Kirstens Fähigkeiten. (Vgl. Z. 5 ff.)
- Die Ich-Erzählerin ist eifersüchtig auf Kirsten. (Vgl. Z. 8 ff.)
- Die Ich-Erzählerin empfindet ihr Aussehen als weniger attraktiv gegenüber dem Aussehen Kirstens. (Vgl. Z. 11 f.)
- Im Gegensatz zu der Annahme der Ich-Erzählerin hat ihr Freund kein Interesse an Kirsten. (Vgl. Z. 18)

Seite 21 **2**
- Die Erzählung „Eifersucht" von Tanja Zimmermann wurde 1984 veröffentlicht.
- Indem er Kirsten als „Nervtante" (Z. 18) bezeichnet, macht der Junge deutlich, dass er kein Interesse an Kirsten hat.
- Die Ich-Erzählerin hat das Gefühl, weniger attraktiv als Kirsten zu sein. (Vgl. Z. 5 f. und Z. 11 f.)
- Wie wenig die Ich-Erzählerin mit ihrem Aussehen zufrieden ist, zeigt sich, als sie auf dem Klo in den Spiegel schaut und ihre Augen „widerlich" (Z. 11) findet.
- Mit der letzten Aussage der Ich-Erzählerin „„Och, ich find' die ganz nett, eigentlich'" (Z. 19) macht die Ich-Erzählerin ihre Erleichterung deutlich.
- Als die Ich-Erzählerin beobachtet, wie sich ihr Freund Kirsten gegenüber verhält, wird ihre Eifersucht deutlich. (Vgl. Z. 8)

- Die Ich-Erzählerin überlegt, wie sie ihren Freund dafür bestrafen kann, dass er sich mit Kirsten unterhalten hat. (Vgl. Z. 13 f.)
- Das Minderwertigkeitsgefühl der Ich-Erzählerin verstärkt sich, als sie zugeben muss, dass Kirsten „auch 'ne ganz gute Stimme, schöne Augen [hat]" (Z. 6).
- Die Augen spielen in der Erzählung eine besondere Rolle. Von Kirsten sagt die Erzählerin: „Hat [...] schöne Augen" (Z. 6). Ihre eigenen Augen dagegen findet sie „widerlich" (Z. 11).

Eine Textanalyse verfassen

Seite 22 [1] freie Aufgabe

Die Exposition (Einführung in die Handlung) eines Schauspiels untersuchen – Carl Zuckmayer: Der Hauptmann von Köpenick

Die Handlung des Schauspiels in ihren Hauptzügen

Seite 24 [1]
- Wilhelm Voigt kauft in einem Trödlerladen die Uniform, die sich einst der Hauptmann hat anfertigen lassen. Akt III
- Der arbeitslose Schuster Wilhelm Voigt plant, in ein Polizeirevier einzubrechen, um sich selbst einen neuen Pass auszustellen. Akt I
- Wilhelm Voigt muss erfahren, dass im Köpenicker Rathaus keine Pässe ausgestellt werden. Akt III
- Weil er nach seiner Haftzeit wieder keine Aufenthaltsgenehmigung und keine Arbeit bekommt, will sich Voigt nicht mehr einfach fügen. Akt II
- Ein Hauptmann lässt sich in einem Uniformladen eine neue Uniform anpassen. Akt I
- Wilhelm Voigt lässt als falscher Hauptmann den Bürgermeister von Köpenick verhaften und die Gemeindekasse beschlagnahmen. Akt III
- Während seiner Haftzeit lernt Wilhelm Voigt alles über militärische Dienstränge und Abzeichen. Akt II

Seite 25 [2] Um Arbeit zu finden, braucht Voigt eine Aufenthaltsgenehmigung, die bekommt er aber nur, wenn er eine Arbeitsstelle nachweisen kann. Er will sich auf unrechtmäßige Weise eine Aufenthaltserlaubnis besorgen.

Seite 25 [3] freie Aufgabe

Die Bedeutung der ersten Szene für das Schauspiel untersuchen

Seite 27 [1] Beispiele:
Ich bin Hauptmann von Schlettow. Ich habe mir gerade bei dem Schneidermeister Wormser eine neue Uniform bestellt, habe allerdings bemerkt, dass die Gesäßknöpfe nicht den vorgeschriebenen Abstand haben.
Für mich haben Vorschriften eine absolute Geltung, über die man sich auf keinen Fall hinwegsetzen darf, weil sonst die Ordnung zusammenbricht. Und darin sehe ich auch die besondere Bedeutung des Militärs. Beim Militär wird den Menschen Ordnung beigebracht, richtiges Benehmen, die richtige Haltung. Menschen, die nicht beim Militär gedient haben, merkt man an, dass sie nicht wissen, was Gehorsam heißt.

Ich bin Schneidermeister Wormser. Ich bewundere Hauptmann von Schlettow, weil er sofort merkte, dass an den Gesäßknöpfen etwas nicht stimmte. Bei ihm ist das Militärische ganz in Fleisch und Blut übergegangen, er weiß, wie man sich zu benehmen hat. Im Übrigen ist er ein guter Kunde und ich möchte, dass er auch weiterhin bei mir schneidern lässt.

Mein Sohn Willy ist leider nicht so gut geraten, er hält sich nicht gerade. Ich fürchte, dass er, wenn er so weitermacht, nicht zum Militär kommt und dann auch nicht die richtige Erziehung erhält.

Seite 28 **2** Unterstrichen werden sollten die Zeilen 12–25.

Seite 28 **3** Das Gemälde zeigt Kaiser Wilhelm II. in seiner prachtvollen Uniform, also als oberster Befehlshaber. Er unterstreicht damit die besondere Bedeutung, die er dem Militär zumisst.

Seite 28 **4** Marschmusik hinter der Bühne; Taktschritt der Soldaten; Uniformladen, Uniformen und Uniformstücke im Schaufenster und auf dem Ladentisch; Fotos mit höheren Offizieren; Holzpuppen ohne Köpfe mit Uniformen

Seite 28 **5** "Puppe": künstliches Wesen, mit dem man spielt, das keinen eigenen Willen hat
„Holz": hart
„ohne Kopf": kann nicht denken; ist dem Willen anderer ausgeliefert

Seite 28 **6** Mit dieser Requisite wird dem Zuschauer schon zu Beginn des Schauspiels verdeutlicht, dass die Angehörigen des Militärs kritisch gesehen werden: als Marionetten, die nicht selbst denken können.

Seite 30 **7** VOIGT: Da mecht ick Ihnen 'n Vorschlag machen – da mecht' ick Ihnen vorschlagen, det se mir gleich express wieder in de Plötze zuricktransportieren lassen!
OBERWACHTMEISTER: Raus!!! Jetzt wird er auch noch frech! Scherense sich raus!!

Seite 31 **8** „Da wollt ick mir nu die Neese aus det Jesichte reißen." (Z. 18 f.): Voigt spielt darauf an, dass man als ehemaliger Strafgefangener immer mit einem Makel versehen ist, den man genauso wenig loswird, wie man sich die Nase aus dem Gesicht reißen kann.

„Nee, nee, det is nu 'n Karussell, det is nu ne Kaffeemihle." (Z. 69 f.): Ohne Arbeit keine Aufenthaltsgenehmigung, ohne Aufenthaltsgenehmigung keine Arbeit – der Konflikt Voigts dreht sich im Kreise wie ein Karussell oder eine Kaffeemühle.

„Ick kann ja nu mit de Füße nich in de Luft baumeln, det kann ja nur 'n Erhenkter." (Z. 101 ff.) Voigt ist verzweifelt, weil er nicht weiß, wo er hinsoll; aber irgendwo muss er schließlich leben.

Seite 31 **9** Mit Wilhelm Voigt wird dem Zuschauer eine Person vorgestellt, die zwar gegen das Gesetz verstoßen hat, der die Gesellschaft aber keine Chance der Wiedereingliederung gibt. Angesichts der Verhältnisse kann der Zuschauer nur erwarten, dass Voigt erneut eine Straftat begehen wird.

Seite 31 **10** Es ist vor allem die Frage, ob und wie es Wilhelm Voigt gelingt, einen Pass und eine Arbeitsstelle zu bekommen, um ein geregeltes Leben führen zu können. Aufmerksame Zuschauer werden sich auch fragen, welche Rolle die Uniform dabei spielt, die in der ersten Szene eine so große Bedeutung hat.

Ein Protokoll anfertigen

Protokoll einer Unterrichtsstunde

Seite 33 **1** Es handelt sich um ein Ergebnisprotokoll. Die einzelnen Diskussionsbeiträge werden nicht aufgeführt.

Seite 33 **2** In folgender Reihenfolge müssen die Begriffe den Abschnitten des Protokolls zugeordnet werden:

> Thema

> Unterrichts-
> schritte

> Ergebnis

> Hausaufgabe

Seite 34 **3** Schüler, die den Unterricht versäumt haben, können nachlesen, was Inhalt der Stunde war und welche Hausaufgaben gegeben wurden.
Zur Vorbereitung auf eine Klassenarbeit geben die Protokolle einen Überblick über den Unterrichtsstoff.
Der Protokollant muss sich in der Stunde besonders konzentrieren und hinterher das Wichtigste zusammenfassen.
Der Lehrer kann überprüfen, ob der Protokollant alles richtig verstanden hat.

Protokoll einer Sitzung der Schülerversammlung

Seite 35 **1** Die Schülerversammlung des Carl-Duisberg-Gymnasiums stellt den Antrag, dass eine Catering-Firma mit dem Betreiben der Cafete beauftragt wird.
Die Schülerversammlung des Carl-Duisberg-Gymnasiums stellt den Antrag, dass die Schulleitung gebeten wird, die Verhandlungen mit der Catering-Firma für die Cafete im Westflügel zu führen.

Seite 35 **2** Protokoll der Sitzung der SV vom 10.08.2015 im Forum der Schule
Dauer der Sitzung: 12.20 – 13.05 Uhr
Anwesenheit: siehe Anwesenheitsliste
Tagesordnungspunkt: Einrichtung einer Cafete
Protokollant: ?

Zur Abstimmung gelangen zwei Anträge:
Die Schülerversammlung des Carl-Duisberg-Gymnasiums stellt den Antrag, dass eine Catering-Firma mit dem Betreiben der Cafete beauftragt wird.

Der Antrag wird einstimmig angenommen.

Die Schülerversammlung des Carl-Duisberg-Gymnasiums stellt den Antrag, dass die Schulleitung gebeten wird, die Verhandlungen mit der Catering-Firma für die Cafete im Westflügel zu führen.

Der Antrag wird einstimmig angenommen.

Ein Gedicht beschreiben und deuten

Seite 37 **1** Fürwahr → wahrhaftig, in der Tat
holden → geneigt, zugetan, anmutig, bezaubernd
empfahn → empfangen
angetan → bekleidet
Hain → kleiner Wald, Park
falbes → gelb, gelblich, graugelb

Seite 37 **2** Frühling: Zeit der erwachenden Natur
                        Frische, grüne Farben
                        Muntere Vogelstimmen

              Herbst: Zeit des Untergangs
                        Gedämpfte, bunte Farben
                        Vogelzug nach Süden

Seite 38 **3** erwacht, holden Liebling, frischer Blumenpracht, junge Erde, muntern Vögel, lieber-
wärmt, grünen Hain, Fest, singt, schwärmt, emsig, Nest, lebt, liebt, singt, Frühling,
Freude, Zier, Sänger, Lust
stumm, starr, Trauer, tiefen Schmerz, Herbst, Nebelwind, durchwühlet, kalt, falbes
Laub, zerschlagen, Staub
Die Atmosphäre des Gedichts ist zunächst ausgelassen und fröhlich, später aber (ab
V. 12) traurig und düster.

Seite 38 **4** Das lyrische Ich hält sich zur Zeit des Frühlings in der freien Natur auf. Es sieht die
Pflanzen und Tiere, bleibt aber selbst in trauriger Stimmung.

Seite 38 **5** In dem Gedicht „Frühling und Herbst" von Adelbert von Chamisso, das 1826 entstanden ist, beschreibt das lyrische Ich die trübe Stimmung, die es empfindet, obwohl der
Frühling als Jahreszeit der Lebensfreude und der Liebe gekommen ist.

Seite 38 **6** Das Gedicht besteht aus fünf Strophen zu je vier Versen, das Reimschema ist ein
Kreuzreim. Nach dem elften Vers ist ein deutlicher Einschnitt zu bemerken, der
sprachlich durch die Konjunktion „aber" gekennzeichnet wird.

Seite 39 **7** 1. Strophe: Die Erde „empfängt" den Frühling als „Geliebten".
2. Strophe: Die Vögel singen fröhlich und bauen sich ihr Nest.
3. Strophe: Die ganze Natur freut sich über den Frühling, das lyrische Ich aber bleibt in
        düsterer Stimmung.
4. Strophe: Das lyrische Ich gönnt der Natur ihre Freude, fordert sie aber auch dazu
        auf, ihm seine Trauer nicht vorzuwerfen.
5. Strophe: Das lyrische Ich beschreibt seine trübsinnige Stimmung.

Das Versmaß (Metrum)

Seite 39 **1** Frühling, erwácht, hólden, Liebling, empfáhn, frischer, Blúmenprácht, júnge, Érde,
ángetán, múntern, Vógel, líeberwärmt, begéhn, grünen, Háin, Fést, jéder, síngt,
schwärmt, báuet, émsig, Nést

Seite 39 **2** Als Versmaß liegt ein vierhebiger Jambus vor.

10

Seite 40 `3` Betonung beim Vortrag:
Ích aber bléibe stúmm und stárr.
Betonung dem Versmaß entsprechend:
Ich áber bléibe stúmm und stárr.

Seite 40 `4` Das Personalpronomen „Ich" wird besonders betont, weil damit der Gegensatz der
Stimmung des lyrischen Ichs zu dem Frühlingsgefühl ausgedrückt wird.

Sprachliche Bilder untersuchen

Seite 41 `1`
V. 1:	„Frühling ist erwacht"
V. 2–4:	der Frühling als „Liebling" der „junge[n] Erde", die sich mit Blumen ge-schmückt hat
V. 5–6:	die Vögel sind von Liebe erfüllt („lieberwärmt") und feiern ein Fest
V. 9–10:	die ganze Natur „liebt und singt" und „preist den Frühling"
V. 11:	der Frühling bringt der Natur Freude
V. 13–15:	Das lyrische Ich spricht die Erde und die Vögel („Sänger") direkt an und richtet eine Bitte an sie.

Seite 41 `2` Es wird ein enger Zusammenhang deutlich zwischen dem lyrischen Ich und der Natur.
Der Frühling, die Erde und die Vögel wirken wie menschliche Lebewesen mit menschli-chen Eigenschaften und Verhaltensweisen.

Seite 41 `3` Ich fühle mich sehr traurig und mutlos, nichts kann mich aufheitern. Mein Geist und
mein Körper sind völlig erschöpft. Ich habe auch keine Hoffnung darauf, dass es mir
bald wieder besser gehen könnte.

Sprachliche Gestaltungsmittel bestimmen

Seite 43 `1` In Vers 7 verwendet der Autor eine Anapher („Ein jeder") und einen Parallelismus, um
damit zu verdeutlichen, dass wirklich die gesamte Natur mit all ihren einzelnen
Lebewesen den Frühling in ausgelassener Stimmung zu genießen scheint.

Seite 43 `2` Das lyrische Ich steht in deutlichem Gegensatz zur Natur: Obwohl um es herum im
Frühling als Jahreszeit der Lebensfreude und der Liebe alles fröhlich ist, bleibt es selbst
traurig und mutlos.

Seite 43 `3`
● Das Gedicht verdeutlicht die Schönheit des Frühlings, der als Jahreszeit des Neuan-fangs, der Lebensfreude und der Liebe dargestellt wird.
● Das Gedicht verdeutlicht den Kontrast zwischen der betrübten Stimmung des lyrischen Ichs und dem Frühling als Jahreszeit der Lebensfreude und der Liebe.
● Die trübsinnige Stimmung des lyrischen Ichs wirkt durch den Gegensatz zur es umgebenden Natur noch verstärkt auf den Leser.

Zeitungsartikel analysieren

Die Zeitungsnachricht

Seite 44 **1**

	Nachricht
Wer?	33-jährige Amerikanerin
Was?	von Polizei gerettet, nachdem sie acht Tage eingeklemmt in ihrem Auto saß
Wo?	Schlucht nahe Renton (US-Staat Washington)
Wann?	vor zwei Tagen (27.9.2007)
Wie?	Polizei hatte Signal ihres Handys aufgefangen und sie so orten können
Warum?	keine Angaben
Welche Folgen?	Amerikanerin hat überlebt, aber war „sehr blass und ausgetrocknet"

Seite 45 **2** Die Schlagzeilen 1 und 3 sind am ehesten geeignet.

Seite 45 **3** freie Aufgabe

Der Zeitungsbericht

Seite 45 **1** Reihenfolge der Absätze: C – B – E – D – A

Seite 46 **2** Aussage 3 ist zutreffend.

Seite 46 **3** Der Zeitungsartikel hatte im Original die Schlagzeile „Illegale Anbieter beherrschen Sportwetten-Markt".

Seite 46 **4** Die anderen beiden Formulierungen treffen nicht den Kern des Inhalts und machen den Leser nicht neugierig.

Seite 46 **5** Beispiele:
Studie belegt zahlreiche Vergehen
Milliardenumsätze ohne Lizenzen
Wegen Personalmangels unzureichende Kontrolle

Seite 47 **6** Beispiel: Glücksspielmarktexperte Jürgen Trümper warnt vor illegalen Sportwettenanbietern.

Die Zeitungsreportage

Seite 48 **1** Beispiel:
Hilfe für traumatisierte Kinder
Die ehemalige Weltklasse-Tennisspielerin Steffi Graf kehrt für ein Match gegen die derzeitige Weltranglistenerste Justine Henin auf den Tennisplatz zurück. Der Erlös des Schaukampfes kommt Therapie-Zentren für traumatisierte Flüchtlingskinder zugute.

Seite 48 **2**   Aussage 2 ist richtig.

Seite 48 **3**
- Steffi Graf kritisiert den früheren amerikanischen Präsidenten Bill Clinton, weil der ihrer Meinung nach an der Welt nichts ändern will. **F**, Zeile: 30–34
- Steffi Graf will Amerika nicht verlassen, weil dort ihre Freunde und ihre Familie leben. **R**, Zeile: 36–40
- Für Steffi Graf ist vor allem der Sieg gegen die Weltranglistenerste Justine Henin wichtig. **F**, Zeile: 56–59
- Steffi Graf rechnet sich gute Chancen aus, das Tennismatch gegen Justine Henin zu gewinnen. **F**, Zeile: 41–44
- Steffi Graf möchte den Erlös des Schaukampfes mehreren Therapie-Einrichtungen für traumatisierte Kinder zukommen lassen. **R**, Zeile: 59–63

Seite 49 **4**   In der Zeitungsreportage wird das soziale Engagement Steffi Grafs für traumatisierte Kinder hervorgehoben.

Seite 49 **5**   Beispiel: Engagiert sich für traumatisierte Flüchtlingskinder: Steffi Graf

Der Zeitungskommentar

Seite 50 **1**
- Es gibt sehr viele private Sportwettenanbieter.
- Sie haben keine Konzession.
- Sie werden zu wenig kontrolliert wegen Personalmangels bei den Ordnungsämtern.
- Es gibt eine rechtliche Grauzone.

Seite 50 **2**   <u>unterstrichen</u> = persönliche Meinung des Autors   *kursiv* = neutral formulierte Sätze

---

Illegales Glücksspiel
Wildwuchs
Von Hubertus Gärtner

Privat vor Staat – das wird vor allem von Liberalen vehement eingefordert. <u>Beim Glücksspiel führt dieses manchmal durchaus richtige Prinzip allerdings in eine falsche Richtung. Mittlerweile überschwemmen private Anbieter den Markt.</u>
<u>In den Städten und Gemeinden ist ein Wildwuchs entstanden, den niemand mehr kontrollieren kann.</u> Tausende Menschen werden heute in dubiosen Spielstätten und <u>Zockerbuden, die keinerlei Konzession haben, in die Sucht getrieben, oder sie treiben sich auf eine fatale Weise dort selbst hinein.</u> *Es gibt zu wenig Kontrollen, es fehlt in den Ordnungsämtern das Personal, um die weitverbreiteten Verstöße gegen das geltende Recht zu sanktionieren.*
Aber es existiert insbesondere in Bezug auf die Sportwetten auch eine rechtliche Grauzone. Wie es aussieht, kann sie auch so schnell nicht abgeschafft werden. Wegen der Konzessionen für einige wenige private Anbieter sind Klagen anhängig – und die dauern. <u>Ganz unschuldig an dieser unerquicklichen Entwicklung sind auch die staatlichen Wettanbieter wie Westlotto nicht.</u> *Weil sie lange Zeit viel zu wenig für den Verbraucherschutz getan und selbst [...] fürs Glücksspiel geworben hatten, wurde ihnen das Monopol von den höchsten Richtern genommen [...].* <u>Das „Glücksspielmonopol des Staates"
– dieser Begriff klingt heute wie die Suche nach der verlorenen guten alten Zeit.</u>
hubertus.gaertner@ihr-kommentar.de
Titelseite
(Lippische Landes-Zeitung, 1.1.2015)

Seite 50 **3**   Die Aussagen 2 und 4 sind richtig.

Beispiel: In seinem Kommentar „Wildwuchs" nimmt der Verfasser, Hubertus Gärtner, Bezug auf die Studie des Glücksspielmarktexperten Jürgen Trümper, nach der illegales Glücksspiel in NRW sehr weitverbreitet ist. Er weist zwar darauf hin, dass Privatisierung oft sinnvoll ist, glaubt aber, dass dies bei den Glücksspielanbietern in „eine falsche Richtung" (Z. 4) führt. Es fänden angesichts der Entwicklung, dass immer mehr illegale Sportwettenanbieter auf den Markt drängten, zu wenig Kontrollen statt, da das Ordnungsamt nicht über ausreichendes Personal verfüge.

Daneben gebe es allerdings auch eine rechtliche Grauzone, die sich nicht so schnell schließen lasse.

Der Kommentator gibt den staatlichen Wettanbietern wie Westlotto eine Mitschuld an der Entwicklung. Sie hätten zu wenig für den Verbraucherschutz getan und „fürs Glücksspiel geworben" (Z. 26), daher sei nun das staatliche Monopol für Glücksspiele aufgehoben worden. Dieses „Glücksspielmonopol des Staates" in der Vergangenheit sei aber besser gewesen als die heutige Situation.

Die Filmrezension

Die vierte Aussage ist richtig.

_____ = lobende Erwähnung   ～～～ = Kritik

Ratatouille. Eine Ratte mit Geschmack
Von Susanne Sitzler

Remy hat ein feines Näschen – wirklich zu fein, um im Abfall zu wühlen! Und während sich seine Artgenossen durch Müllberge fressen, träumt er vom perfekten Bissen, von duftenden Kräutern und den Gourmet-Tempeln in Paris. Zufall – und der Geist eines kürzlich verstorbenen Meisterkochs – führen ihn schließlich in das Paradies des Geschmacks: in die Küche des „Gusteaus", eines der besten Restaurants der Stadt. Gerade rechtzeitig, will man meinen. Denn der missmutige Küchenchef Skinner hat den ungeschickten Küchenjungen Linguini schon längst auf dem Kieker. Würde Remy nicht heimlich beim Suppe-Würzen zur Hand – oder besser: zur Pfote – gehen, Linguini wäre seinen Posten los. Nun aber wird die Suppe zum Renner, jeder will sie kosten und Linguini und Remy werden ein Team ...

Der inzwischen achte Film der Animationsschmiede *Pixar* hat sich Frankreichs Welt der Spitzenköche als Schauplatz ausgedacht – nach der Unterwasserwelt in „Findet Nemo" (2003) oder dem Superhelden-Universum in „Die Unglaublichen" (2004). Technisch könnte man es mal wieder nicht besser machen. Besonders das animierte Paris – bei Tag und Nacht – ist zauberhaft. Brad Bird hat das Ganze mit Komik, Schwung und Liebe fürs Detail in Szene gesetzt. Und trotzdem: So richtig in Fahrt kommt die Geschichte nicht. Sie ist eben sehr vorhersehbar, auch wenn es für Remy manchmal auf und ab geht. Besonders der morbide Restaurant-Kritiker Ego ist das Schauspiel aber wert. Als Appetizer hat *Pixar* wieder einen Vorfilm im Programm („Lifted") – den sollte man auf keinen Fall verpassen!

Werbung – Die geheime Verführung

Seite 53

	Trifft zu	Trifft nicht zu
Die Anzeige betont den sinnlichen Genuss der Konfitüre.	X	
Die dominierenden Farben Schwarz-Rot-Gold sollen angeben, dass es sich um eine Konfitüre aus Deutschland handelt.		X
Der Produktname wird in der Anzeige einmal erwähnt.		X
Es wird keine Verbindung zwischen dem Fruchtanteil der Konfitüre und dem Produktnamen hergestellt.		X
Die in die Kirsche gebettete Konfitüre vermittelt den Eindruck, die Konfitüre sei der Frucht direkt entnommen.	X	
Die Anzeige enthält keine Kaufaufforderung.		X
Der Betrachter der Anzeige soll denken: „Wenn ich *bel Fruit* kaufe, dann gönne ich mir etwas Süßes."		X
Die Nennung des Fruchtanteils ist für die Anzeige nicht zentral, wichtiger ist es, auf den geringeren Zuckeranteil hinzuweisen.		X
Die goldene Schrift zur Angabe des Fruchtanteils unterstreicht die besondere Qualität dieser Konfitüre.	X	
Das Kaufprodukt ist dreimal auf der Anzeige zu sehen.		X
Aus dem Bildteil der Anzeige ist unmittelbar erkennbar, dass Frische und Fruchtgehalt der Konfitüre hervorgehoben werden sollen.	X	
Die Anzeige will durch eine schockierende Bildgestaltung auf sich aufmerksam machen.		X
Die Krone oberhalb des Namens der Herstellerfirma „Zentis" weist auf die Qualität hin.	X	
Die Werbung wendet sich besonders an Jugendliche.		X

Seite 53

Aussagen des Textes	Besonderheiten in der Sprachgestaltung
Jetzt probieren!	Aufforderung, Ellipse
Der extra-fruchtige Genuss mit vielen leckeren Fruchtstücken.	Ellipse, positiv-wertende Adjektive
Fürs Frühstück und pur zum Löffeln.	Ellipse
Viel Frucht. Feel good.	Alliteration, Sprachspiel viel – feel

Seite 54 3

	Trifft zu	Trifft nicht zu
Die Formulierung „jetzt probieren" ist ein Kaufappell und gilt für jeden, da er ohne Angabe des Adressaten erfolgt.	X	
Die Verwendung der Adjektive „extra-fruchtig" und „lecker" stellt eine objektive Beschreibung des Produkts dar.		X
Die elliptische Satzgestaltung berücksichtigt den Leser, der nicht so gut Deutsch spricht.		X
Die elliptische Satzgestaltung vereinfacht das Lesen der Anzeige und konzentriert sich auf das Wesentliche.	X	
Die alliterative Verknüpfung von „viel Frucht" und „feel good" stellt ein Sprachspiel dar, durch das eine gedankliche Verbindung gezeigt wird zwischen dem Fruchtgehalt der Konfitüre und dem Gefühl des Konsumenten.	X	

Seite 55 4 Zuerst sieht man den Tintenfisch (Mittelpunkt der Anzeige), danach die Zeitschrift (farblich auffällig), weiter wandert das Auge zur Headline, schließlich zum kleiner gedruckten Textteil, um den Zusammenhang zwischen dem Tintenfisch und der Zeitschrift herstellen zu können.

Seite 55 5 Der Betrachter wird durch den „eye-catcher" auf die Anzeige aufmerksam gemacht, sieht dann die Zeitschrift und ist irritiert. Der Textteil erklärt den Zusammenhang und betont den Stellenwert von Qualität, auch für die Wahl einer Programmzeitschrift.

Seite 55 6

	Trifft zu	Trifft nicht zu
In dieser Anzeige erklärt das Bild direkt das Werbeprodukt.		X
Der Betrachter der Anzeige soll denken: Ich sollte mehr Fisch essen.		X
Der Ausspruch „Irgendwann nimmt man nicht mehr irgendwas" will dem Betrachter die Qualität der Zeitschrift „Hörzu" nahelegen.	X	
Der Produktname „Hörzu" wird mehrfach in der Anzeige erwähnt, sodass er sich gut einprägt.		X
Die Anzeige richtet sich vor allem an Erwachsene.	X	
Das beworbene Produkt, die Zeitschrift, hebt sich stark vom Rest des Bildes ab und fällt dadurch auf.	X	
Der Text ist notwendig, um eine Verbindung zwischen dem abgebildeten Tintenfisch und der Zeitschrift herstellen zu können.	X	
Es gibt einen Hinweis darauf, dass „Hörzu" die erste Programmzeitschrift in Deutschland war.	X	
Joachim Niehusen fordert den Leser zum Kauf der Zeitschrift „Hörzu" auf.		X

Seite 55 **7** rosa, renommiert, frisch, frisch, rosa, steingrau, klar

Seite 55 **8**

	Trifft zu	Trifft nicht zu
Die Adjektive werten das Produkt ab.		X
Die Adjektive sind mit positiven Wertungen verbunden, um das Produkt aufzuwerten.	X	

Eine Erörterung schreiben – Sollen auch an unserer Schule die Schüler den Putzdienst übernehmen?

Argumente sammeln

Seite 56 **1**

Sollen auch an unserer Schule die Schüler den Putzdienst übernehmen?	Pro-Argument	Kontra-Argument
A) Es würden weniger Tische und Stühle beschädigt werden. Die Schüler würden sich für die Einrichtung der Klassenräume verantwortlich fühlen.	X	
B) Unterrichtszeit würde verloren gehen.		X
C) Ein solcher Putzdienst müsste gegen den Widerstand der Schülerschaft durchgesetzt werden.		X
D) Dies ist eine Erziehung dazu, für sich selbst und das eigene Tun Verantwortung zu übernehmen.	X	
E) Die Einführung eines Putzdienstes für alle Schüler ist ungerecht gegenüber denen, die von sich aus auf Ordnung und Sauberkeit achten.		X
F) Die Schüler würden sich ordentlicher verhalten und weniger Müll herumliegen lassen.	X	

Seite 56 **2** freie Aufgabe

Argumente ausbauen

Seite 57 **1**

	Art des Belegs	Beleg für Argument
In der Nachbarschule gibt es seit dem letzten Jahr durch Schüler übernommene Putzdienste. Seit dieser Zeit sind die Beschädigungen an Einrichtungsgegenständen deutlich zurückgegangen.	Fallbeispiel	A
In einem Interview, das ich gestern im Fernsehen gesehen habe, äußerte ein Pädagogikprofessor, es sei unbedingt notwendig, dass Schüler z. B. durch die Übernahme von Putzdiensten praktisch lernten, gemeinsam für etwas verantwortlich zu sein.	**Berufung auf anerkannte Autoritäten**	**D**

	Art des Belegs	Beleg für Argument
Jeder sollte den Schaden beseitigen, den er angerichtet hat. Diejenigen, die den Dreck machen, sollten ihn deshalb auch wegmachen. Diese Schüler sollten den Putzdienst übernehmen.	allgemein anerkannte Werte und Normen	E
An unserer Schule fahren die Busse direkt nach Unterrichtsschluss. Der Putzdienst könnte nur während der letzten Stunde durchgeführt werden.	nachweisbare Tatsache	B
Ich muss mein Zimmer seit einiger Zeit alleine in Ordnung halten. Zuerst fiel mir das schwer. Nach einigen Wochen habe ich aber gemerkt, dass ich weniger herumliegen ließ als früher und meine Sachen gleich wieder zurückstellte.	eigene Erfahrungen und Erlebnisse	F
Bei einer Umfrage in unserer Klasse waren 70 % der Schüler gegen die Einführung eines solchen Putzdienstes.	nachweisbare Tatsache	C

Seite 57 **2** freie Aufgabe

Der Aufbau einer antithetischen Erörterung

Seite 59 **1** Der Verfasser ist der Meinung, dass die Schüler den Putzdienst an der Schule übernehmen sollten. Er legt zuerst die Argumente, die gegen seinen Standpunkt sprechen dar, um dann die Argumente zu entfalten, die für seinen Standpunkt sprechen. So führt er den Leser von dem Gegenstandpunkt zu seiner eigenen Meinung hin.

Seite 59 **2** freie Aufgabe

Seite 59 **3** freie Aufgabe

Seite 59 **4** freie Aufgabe

Argumente verbinden und gewichten

Seite 60 **1** **Zum einen** spricht gegen die Übernahme des Putzdienstes durch die Schüler, dass er nur gegen den Willen der Schüler eingeführt werden kann. Bei einer Umfrage in unserer Klasse waren **tatsächlich** 70 % gegen die Einführung eines solchen Putzdienstes. **Demzufolge** würde die Einführung eines solchen Putzdienstes zu großem Unmut aufseiten der Schüler führen.

Des Weiteren spricht gegen einen Schülerputzdienst, dass er ungerecht ist. Viele Schüler achten von sich aus auf Ordnung und Sauberkeit. **Insofern** ist **in keiner Weise** einzusehen, warum sie zu so einem Putzdienst herangezogen werden sollten. **Folglich** sollten nur die Schüler den Putzdienst übernehmen, die auch für Unordnung sorgen. Ein Putzdienst für alle Schüler wäre also **in der Tat** ungerecht. Dies ist meiner Meinung nach **besonders ausschlaggebend**.

Noch wichtiger als die vorherigen Gegenargumente ist, dass ein solcher Putzdienst auf Kosten des Unterrichts ginge. **Dessen ungeachtet**, ob man einen solchen Putzdienst für sinnvoll hält, muss man **allerdings** sehen, dass er nur in der Unterrichtszeit durchgeführt werden könnte. **Denn** die Busse fahren an unserer Schule unmittelbar nach Unterrichtsschluss. **Infolgedessen** müsste die Hälfte der letzten Stunde für den Putzdienst durch die Schüler genutzt werden. **Vor allem** das spricht gegen einen solchen Putzdienst. **Auch wenn** der Putzdienst das Verhalten der Schüler **einerseits** positiv beeinflussen würde, wögen diese Vorteile **andererseits** den Verlust der Unterrichtszeit nicht auf.

Die Einleitung einer Erörterung

Seite 62 ☐1 Immer öfter kommt es vor, dass im Laufe des Tages viele Schüler ihre Papierschnipsel, Getränkeflaschen oder das Verpackungsmaterial ihrer Süßigkeiten achtlos liegen lassen. In unserer Klasse sind deshalb viele mit der Sauberkeit und Ordnung des Klassenraumes unzufrieden. Wir fragten uns in einer Diskussion über diese Zustände, ob sich das Problem lösen ließe, wenn die Schüler an unserer Schule den Putzdienst selbst übernehmen würden. Im Folgenden werde ich erläutern, was für und was gegen die Einrichtung eines solchen Putzdienstes spricht.

Der Schluss einer Erörterung

Seite 62 ☐1 Zusammenfassend kann man feststellen, dass es zwar sinnvoll wäre, wenn die Schüler den Putzdienst übernähmen. Die Schüler würden lernen, Ordnung zu halten, Verantwortung zu übernehmen, und würden gewissenhafter mit den Klassenräumen und dem Inventar umgehen. Allerdings ist die Einrichtung eines Putzdienstes nicht zu realisieren. Er müsste in der Unterrichtszeit durchgeführt werden, weil die Busse bei uns direkt nach Schulschluss fahren. Es ist unmöglich, eine Stunde Unterricht pro Tag zugunsten des Schülerputzdienstes entfallen zu lassen. Deshalb bin ich momentan gegen die Einführung eines solchen Putzdienstes für die Schüler.
Man könnte aber mit den Busunternehmen sprechen und spätere Abfahrtzeiten vereinbaren. Dann wäre ich dafür, dass die Schüler an unserer Schule den Putzdienst übernähmen.

Seite 62 ☐2   freie Aufgabe

Kreatives Schreiben – Eine Kurzgeschichte zu einem Bild verfassen

Seite 64 ☐1   freie Aufgabe

Kreatives Schreiben: „L'écriture automatique"

Seite 66 ☐1   freie Aufgabe

Seite 66 ☐2   freie Aufgabe

Seite 66 ☐3   freie Aufgabe

Seite 66 ☐4   freie Aufgabe

Grammatik üben

Wortarten im Überblick

Wortarten, die flektierbar sind/Wortarten, die nicht flektierbar sind

Seite 69

Verb	Nomen/Substantive	Artikel
A (Vollverb): wird, glühen, taucht, blitzen **B** (Hilfsverb): ist **C** (Modalverb): konnten, sollen	Milchstraße, Schattierungen, Kopftücher, Spektakel, Wüstenwind, Ticketpreis	**A** (bestimmter): den, die **B** (unbestimmter): Eine, einen

Adjektiv	Pronomen	Numerale
stille, Pinkfarben, frei, Heißer, eng, wieselgleich	ihnen, ihre, sie, sich	ersten, fünfzig, fünften

Adverb	Präposition	Konjunktion	Interjektion
Heute, Hier	unter, in, auf, für	**A** (nebenordnende): aber, und **B** (unterordnende): weil, Während	Ach

Die Aussageweisen des Verbs – Der Modus

Der Konjunktiv II als Ausdruck der Nicht-Wirklichkeit (Irrealis)

Seite 70

Herman van Veen (geb. 1945)
Könntest du zaubern

Refrain:
<u>Wärst</u> du ein Zauberer, dann <u>gäb's</u> nur Sonnenschein.
<u>Wärst</u> du ein Zauberer, <u>wär'</u> niemand mehr gemein.
<u>Wärst</u> du ein Zauberer, ein Zauberer,
ein Zauberer, ein Zauberer,
5 dann <u>würden</u> alle Menschen Freunde <u>sein</u>.

In jedem Haus <u>wären</u> hundert Zimmer mit einem Fernsehapparat.
Deine Eltern <u>würden</u> niemals <u>sterben</u>, <u>hätten</u> immer Zeit und Rat.
Aus dem Brunnen <u>käm'</u> statt Wasser Cola, Limo, Apfelsaft.
Was dein Herz sich nur <u>erträumte</u>, <u>wäre</u> wahr durch Zauberkraft.

Refrain:
10 <u>Wärst</u> du ein Zauberer, dann <u>gäb's</u> nur Sonnenschein. (und Hunger <u>hätte</u> keiner)
<u>Wärst</u> du ein Zauberer, <u>wär'</u> niemand mehr gemein. (die Großen <u>wären</u> kleiner)
<u>Wärst</u> du ein Zauberer, ein Zauberer,
ein Zauberer, ein Zauberer,
dann <u>würden</u> alle Menschen Freunde <u>sein</u>.

15 Es <u>würden</u> keine Fäuste <u>fliegen</u> und keinem Menschen <u>ginge</u> es schlecht.
Das Gute <u>würde</u> spielend <u>siegen</u>, jedes Lächeln <u>wäre</u> echt.
Im Winter <u>gäb's</u> genügend Schnee und trotzdem <u>wär's</u> gemütlich warm.
Und niemand <u>würde</u> reich <u>geboren</u> und niemand <u>würde</u> arm.

Refrain

Doch wird ein Zaubertrick dir nicht geschenkt,
20 das kostet mehr Zeit, als sich mancher denkt.

Zehn Jahre sucht man nach dem Tuch, und fünfzig nach dem Zauberbuch.
Und bis man es erlesen hat, ist man gebrechlich, alt und matt.
25 Den Zauberkurs von A–Z beherrscht man nicht mal als Skelett.
Doch mein Sohn versucht im Leben, das Zaubern niemals aufzugeben.

Refrain

Herman van Veen. Könntest du zaubern, Text: Thomas Woitkewitsch, © Neue Welt Musikverlag GmbH, Hamburg

Seite 71 **2**

Indikativ Präsens	Indikativ Präteritum	Konjunktiv II Präteritum
ich komme	ich kam	ich käme
er ruft an	er rief an	*er riefe an*
du gibst	du gabst	*du gäbest*
sie heben	*sie hoben*	*sie höben*
es reißt	*es riss*	*es risse*
er liest	*er las*	*er läse*
ich laufe	*ich lief*	ich liefe
sie graben	sie gruben	*sie grüben*
du sprichst	*du sprachst*	*du sprächest*
sie denken	sie dachten	sie dächten
sie sitzt	*sie saß*	*sie säße*
ihr kommt	ihr kamt	*ihr kämet*
er schreibt	*er schrieb*	er schriebe

Seite 71 **3**

Indikativ	Konjunktiv II abgeleitet vom Präteritum	Umschreibung mit *würde*
es regnet (*es regnete*)	es regnete	es würde regnen
sie leben (*sie lebten*)	sie lebten	*sie würden leben*
er putzt (*er putzte*)	*er putzte*	*er würde putzen*
sie fliehen (*sie flohen*)	*sie flöhen*	*sie würden fliehen*
wir geben (*wir gaben*)	*wir gäben*	*wir würden geben*
sie findet (*sie fand*)	*sie fände*	*sie würde finden*
du brauchst (*du brauchtest*)	*du bräuchtest*	*du würdest brauchen*
ich singe (*ich sang*)	*ich sänge*	*ich würde singen*
wir verbieten (*wir verboten*)	*wir verböten*	*wir würden verbieten*
er sitzt (*er saß*)	*er säße*	*er würde sitzen*
ihr findet (*ihr fandet*)	*ihr fändet*	*ihr würdet finden*
sie schwimmt (*sie schwamm*)	*sie schwämme*	*sie würde schwimmen*
wir trinken (*wir tranken*)	*wir tränken*	*wir würden trinken*
du singst (*du sangst*)	*du sängest*	*du würdest singen*

Seite 72 **4** Was wäre, wenn ...
- es im Sommer nicht mehr *regnete/regnen würde.*
- ich im Lotto *gewänne/gewinnen würde.*
- du in einem Hollywoodfilm die Hauptrolle *spieltest/spielen würdest.*
- es für alle Menschen auf der Welt genug zu essen *gäbe/geben würde.*
- die große Pause eine Stunde *dauerte/dauern würde.*
- ich mit meinem Goldfisch an der Leine spazieren *ginge/gehen würde.*
- ich dreimal im Jahr Geburtstag *feierte/feiern würde.*
- er morgen um die ganze Welt *flöge/fliegen würde.*
- ich morgen Miley Cyrus *träfe/treffen würde.*
- er ein paar Kilos *abnähme/abnehmen würde.*
- mir jemand jeden Tag meine schwere Schultasche *trüge/tragen würde.*
- mich der amerikanische Präsident gleich *anriefe/anrufen würde.*
- meine Geschwister sich nicht dauernd *stritten/streiten würden.*
- sich das dreckige Geschirr heute von selbst *abwüsche/abwaschen würde.*
- mein Verein heute das gegnerische Team *schlüge/schlagen würde.*

Seite 73 **5** Freie Aufgabe

Modalverben und Modaladverbien

Seite 73 **1**

Bedeutung des Modalverbs	Beispiel
Möglichkeit, Fähigkeit	*Marvin kann mit der U-Bahn fahren.*
Wunsch	*Marvin möchte mit der U-Bahn fahren.*
Wille/Absicht	*Marvin will mit der U-Bahn fahren.*
Erlaubnis	*Marvin darf mit der U-Bahn fahren.*
Verpflichtung	*Marvin soll mit der U-Bahn fahren.*
Pflicht/Notwendigkeit	*Marvin muss mit der U-Bahn fahren.*

Seite 74 **2**

Beispielsätze	Bedeutung des Modalverbs
1. Jemand <u>sollte</u> noch einen Kaffee holen.	*Verpflichtung*
2. Die Touristin <u>möchte</u> das Ungeheuer von Loch Ness sehen.	*Wunsch*
3. Johannes <u>muss</u> um 21 Uhr zu Hause sein.	*Pflicht*
4. Michael <u>will</u> wieder einmal ins Kino gehen.	*Wille/Absicht*
5. Ich <u>möchte</u> nicht das Geschirr abspülen!	*Wunsch*
6. Unser Hund Waldi <u>kann</u> sprechen.	*Fähigkeit*
7. Die Hausaufgabe <u>könnte</u> ja vollständig sein – ordentlich ist sie nicht!	*Möglichkeit*
8. Eigentlich <u>dürfte</u> ich Ihnen das gar nicht sagen.	*Erlaubnis*
9. Luzia <u>muss</u> ihren Turnbeutel in der Schule vergessen haben.	*Notwendigkeit*
10. Timo <u>konnte</u> nicht früher kommen.	*Möglichkeit/Fähigkeit*
11. Ich <u>möchte</u> dich etwas fragen.	*Wunsch*

Beispielsätze	Bedeutung des Modalverbs
12. Der Braten müsste jetzt eigentlich gar sein.	*Möglichkeit*
13. Die Band soll recht gut sein.	*Möglichkeit*
14. Kannst du diese Rechenaufgabe lösen?	*Fähigkeit*
15. Diese Lösung könnte stimmen.	*Möglichkeit*

Seite 74 **3** Die Reporterin Wiebke fährt mit der U-Bahn zu ihrem Interview mit dem Hollywoodstar Jenny L. und ist _sehr_ aufgeregt.
„_Hoffentlich_ komme ich pünktlich! _Gerade/besonders/insbesondere_ heute muss alles glattgehen."
Plötzlich kommt die U-Bahn _jedoch_ zum Stehen. Wiebke sieht sich panisch um. Die anderen Fahrgäste scheint die Unterbrechung _keineswegs_ zu stören. _Bestimmt_ geht es gleich weiter. Es vergehen _jedoch/allerdings_ Minuten, ohne dass sich der Zug wieder in Bewegung setzt. Nervös trommelt Wiebke mit den Fingern auf ihre Armlehne.
„_Genauso_ habe ich mir das vorgestellt, das gibt es doch nicht!"
„Sehr geehrte Fahrgäste, wegen technischer Probleme kommt es zu einem außerplanmäßigen Halt. In wenigen Minuten kann es _sicher/bestimmt_ weitergehen", scheppert es aus den Lautsprechern. Wiebke blickt hektisch auf ihre Armbanduhr.
„Wenn der Schaffner recht behält, könnte ich meinen Interviewtermin _vielleicht/sogar/durchaus_ noch schaffen. Wenn nicht, war alle Arbeit und Aufregung _vergebens_."
Frustriert lässt Wiebke ihren Kopf hängen, als plötzlich ein Ruck durch die Abteile geht und sich die U-Bahn unter Quietschen mühsam wieder in Bewegung setzt. Wiebke atmet auf und holt noch einmal die Karteikarte mit den Interviewfragen heraus, um sie _bestimmt/sicher_ zum hundertsten Mal durchzugehen.

Der Konjunktiv in der indirekten Rede (Konjunktiv I)

Seite 76 **1**

Indikativ	Konjunktiv I
er ist gelaufen	*er sei gelaufen*
du sagst	*du sagest*
sie rief an	*sie habe angerufen*
sie wird winken	*sie werde winken*
er will helfen	*er wolle helfen*
du gibst	*du gebest*
sie antwortete	*sie habe geantwortet*
er liebt	*er liebe*
sie wird rennen	*sie werde rennen*
sie sind	*sie seien*
er kam	*er sei gekommen*
es wird gelingen	*es werde gelingen*
du fährst	*du fahrest*
er hatte gelesen	*er habe gelesen*
es wird gut	*es werde gut*

- Anna wandte ein: „Die Klasse hat diese Vorschläge bereits vor Wochen abgelehnt."
  Anna wandte ein, die Klasse habe diese Vorschläge bereits vor Wochen abgelehnt.

- Die Ärzte teilten mit: „Dem Patienten wird es morgen schon viel besser gehen."
  Die Ärzte teilten mit, dem Patienten werde es morgen schon viel besser gehen.

- Timo erzählt: „Der Dackel der Nachbarin sauste mit schleifender Leine an mir vorbei. Ich war der Letzte, der ihn gesehen hat."
  Timo erzählt, der Dackel der Nachbarin sei mit schleifender Leine an ihm vorbeigesaust. Er sei der Letzte gewesen, der ihn gesehen habe.

- Emma befürchtet: „Ich habe morgen nichts zum Anziehen."
  Emma befürchtet, sie habe morgen nichts zum Anziehen.

- Julia und Leonie sagten: „Wir kommen morgen und bringen das Buch mit."
  Julia und Leonie sagten, sie kämen (würden kommen) morgen und brächten (würden bringen) das Buch mit.

- Die Kinder riefen: „Wir haben ein Gummiboot."
  Die Kinder riefen, sie hätten ein Gummiboot.

- Die Großmutter glaubt: „Du hast mich vergessen!"
  Die Großmutter glaubt, du habest sie vergessen.

- Marie sagt: „Ich jogge gerne."
  Marie sagt, sie jogge gerne.

- Johannes betont: „Meiner Meinung nach kann die Schule morgen ausfallen."
  Johannes betont, seiner Meinung nach könne die Schule morgen ausfallen.

- Martin schwärmte: „Der Urlaub auf Langeoog war wirklich schön. Nächstes Jahr werden wir wieder hinfahren."
  Martin schwärmte, der Urlaub auf Langeoog sei wirklich schön gewesen. Sie würden nächstes Jahr wieder hinfahren.

Die Sängerin Jenny L. sagte, Sängerin sei ihr Traumberuf. Wenn sie auf der Bühne stehe, vergesse sie alles um sich herum und lebe sich total aus. Sie spiele jedoch auch gerne interessante Rollen in Kinofilmen.

Als Schauspielerin könne sie in die Rollen von Menschen schlüpfen, deren Leben sich grundlegend von ihrem unterscheide. Sie erfahre so sehr viel über andere, aber auch über sich. Das sei wirklich interessant und erhellend.

Viele Leute würden das behaupten. Sie könne das nicht verstehen. Sie sei nicht sehr groß und auch ihre Nase sei zu lang. Trotzdem würden ihr viele Fans Liebesbriefe schicken. Sie kämen körbeweise bei ihr an.

Leider habe sie nicht genug Zeit dafür. Aber sie bemühe sich doch, möglichst vielen Menschen zu antworten.

Die Sichtweise einer Aussage – Aktiv und Passiv (Genus verbi)

Die Geschichte des Panamakanals

1869 wurde der Suezkanal eröffnet, der das Mittelmeer und das Rote Meer miteinander verbinden sollte. Nun glaubten viele Menschen, dass ein Kanal, der in Mittelamerika Pazifik und Atlantik verbinden würde, ebenso leicht zu bauen sein müsste. Man hoffte außerdem auf großen finanziellen Gewinn. 1879 wurde die französische Panamakanal-Gesellschaft von der Regierung Kolumbiens – Panama wurde damals noch von Kolumbien regiert – mit dem Bau dieses Kanals beauftragt. Tausende von Arbeitern wurden beim Bau des Kanals beschäftigt, jedoch erwies sich das Projekt im tropischen Klima

Mittelamerikas als schwieriger als erwartet. Viele der Arbeiter <u>wurden von Krankheiten wie Malaria und Gelbfieber heimgesucht</u>, von 1881 bis 1889 starben ca. 22 000 Menschen bei den Arbeiten. Nachdem erst ein kleinerer Teil des Kanals <u>fertiggestellt worden war</u>, musste die französische Panamakanal-Gesellschaft 1889 Konkurs anmelden. Die Arbeiten <u>wurden eingestellt</u> und sie <u>wurden</u> erst 1906 <u>wieder aufgenommen</u>. Panama war inzwischen ein selbstständiger Staat geworden. Der Weiterbau des Kanals <u>wurde von dem Ingenieur George W. Goethals aus den USA geleitet</u>, da die Rechte an der Kanalzone bereits 1901 an die US-amerikanische Regierung <u>verkauft worden waren</u>. Im August 1914 <u>wurde</u> der Panamakanal <u>fertiggestellt</u> und er <u>wurde</u> zum ersten Mal <u>von einem Schiff durchfahren</u>. Seit September 2007 <u>wird</u> wieder am Panamakanal <u>gebaut</u>, da die beliebte Wasserstraße <u>von immer mehr und immer größeren Schiffen durchfahren wird</u>. An der größten Baustelle des amerikanischen Kontinents <u>wird</u> voraussichtlich bis zum Jahr 2016 <u>gebaut werden</u>.

Seite 79 **2** Vielfach sind die Handelnden nicht (namentlich) bekannt oder unwichtig. Der Text hebt stärker die Vorgänge hervor als die Handelnden.

Seite 80 **3** 1879 beauftragte die Regierung Kolumbiens die französische Panamakanal-Gesellschaft mit dem Bau dieses Kanals.
Kolumbien regierte damals noch Panama.
Krankheiten wie Malaria und Gelbfieber suchten viele der Arbeiter heim.
Der Ingenieur George W. Goethals aus den USA leitete den Weiterbau des Kanals.
Ein Schiff durchfuhr ihn zum ersten Mal.
Die beliebte Wasserstraße wird von immer mehr und immer größeren Schiffen durchfahren.

Seite 80 **4** Man eröffnete 1869 den Suezkanal, der das Mittelmeer und das Rote Meer miteinander verbinden sollte.
Die Gesellschaft beschäftigte beim Bau des Kanals Tausende von Arbeitern.
Nachdem man erst einen kleineren Teil des Kanals fertiggestellt hatte, musste die französische Panamakanal-Gesellschaft 1889 Konkurs anmelden.
Die Gesellschaft stellte die Arbeiten ein und man nahm sie erst 1906 wieder auf.
[...], da man die Rechte an der Kanalzone bereits 1901 an die US-amerikanische Regierung verkauft hatte.
Im August 1914 stellten die Arbeiter den Panamakanal fertig.
Seit September 2007 bauen wieder Arbeiter am Panamakanal [...]
Die beteiligten Firmen werden voraussichtlich bis zum Jahr 2016 an der größten Baustelle des amerikanischen Kontinents bauen.

Seite 80 **5** **Der neue Panamakanal**
Die Planungen für die Erweiterung des Panamakanals sind abgeschlossen. (**ZP**) Die Bauarbeiten werden Panama sehr viel Geld kosten. (**A**) Kritiker glauben, dass das kleine Land die notwendigen Investitionen nicht wird leisten können. (**A**) Doch der Anfang ist gemacht. (**ZP**) Mit 15 000 Kilo Dynamit wurde an einem Hügel Gestein gesprengt. (**VP**) In den kommenden Jahren werden 130 Millionen Kubikmeter Gestein abgetragen werden. (**VP**) Zurzeit kommt es im Kanal immer wieder zu Staus und langen Wartezeiten. (**A**) Dies wird von vielen Reedereien kritisiert. (**VP**) Alle Beteiligten hoffen aber auf das Ende der Bauarbeiten im Jahr 2016. (**A**)

Satzglieder erkennen

1 Sylvia Englert (geb. 1970)
Wie dpa meldet

        P   S   TAdv
Wie schaffen es die Medien nur, jeden Tag ihr Blatt oder ihr Programm zu füllen –

           S   AO   S
wo bekommen sie bloß ihre Themen und Informationen her? Wenn du den Stapel von

         P   LAdv
Post sehen könntest, den die meisten Redakteure jeden Morgen auf ihrem Schreibtisch

                 P   S   P
vorfinden, dann würde das schon einen Teil der Frage beantworten. Unternehmen,

                                             DO
Organisationen, Verbände, Vereine, Ministerien, alle schicken dir die Informationen

über die neuesten Aktivitäten, die sie für wichtig halten. Ob sie das tatsächlich

                                 TAdv
sind und einen Artikel hergeben, entscheidet dann der Journalist; der Rest wandert

      LAdv   MAdv
in den Papierkorb. Kleinere Lokalzeitungen drucken auch schon mal dankbar die

                              S
Meldung, die der Pressewart dieses oder jenes Vereins geschrieben hat – das spart

Arbeit.

Eine andere gute Quelle für Neuigkeiten: Morgens (auch im Büro) eine oder besser

                           P   PO   P
noch mehrere Zeitungen zu lesen, gehört zum Job eines Journalisten: Was hat die

                     P
Konkurrenz so alles gemeldet? Warum hatten wir das nicht drin? Das sollten wir mal

              P   P
aufgreifen ... Natürlich werden Journalisten auch zu Veranstaltungen eingeladen,

über die sie dann etwas schreiben. Oder sie bekommen einen Tipp: „Pass mal auf,

das könnte doch eine Geschichte für euch sein." [...]

                             AO
Doch einen großen Teil der überregionalen Meldungen und Berichte bekommen die

Medien – Zeitungen, Zeitschriften, Hörfunk, Fernsehen und Internet – von Agenturen

                             S   TAdv
geliefert. Denn zum Beispiel muss jedes größere Blatt einen Politik-Teil haben, aber oft

                         AO
kann es sich gar nicht so viele Berlin-Korrespondenten leisten, wie es bräuchte, wenn

      AO
es alles selber recherchieren und schreiben wollte. Hier springen die Agenturen ein:

           IAdv
Mit ihren riesigen Korrespondentennetzen können sie fast alles, was an Wichtigem in

                TAdv
der Welt geschieht, innerhalb kürzester Zeit berichten.

Allein zur Politik laufen täglich Hunderte von Nachrichten über die Agenturen in

den Redaktionen ein, gar nicht zu reden von den vielen Meldungen für die anderen

AO

Ressorts. Allein 2 000 Agenturmeldungen überprüft und wertet die Redaktion der

                                                    P   P

Süddeutschen Zeitung jeden Tag aus. Daraus können die Redakteure dann auswählen,

was sie drucken möchten, und den Text nach ihren Wünschen umschreiben. Viele

                                          MAdv

Medien übernehmen die Meldungen unverändert und kürzen sie höchstens oder

schreiben ein paar Zeilen um. Einzige Voraussetzung für das Ganze: Das Medium

                                  AO

muss den Service der entsprechenden Agentur abonniert haben. Die wichtigsten

                                                    AO

dpa-Dienste kosten eine mittelgroße Zeitung eine sechsstellige Summe im Jahr.

                                                 LAdv   AO

Achte doch mal darauf, wie viele Tageszeitungsmeldungen vorne ein Kürzel tragen –

                                                       P

daran erkennt man, von welcher Agentur die Nachricht geliefert wurde:

     P

dpa steht für die *Deutsche Presse-Agentur*, die größte deutsche Nachrichtenagentur.

                    PO

AP steht für die amerikanische Agentur *Associated Press*.

     S

AFP steht für *Agence France-Presse*.

                                       Präd.

Reuters ist eine auf Finanz- und Wirtschaftsnachrichten spezialisierte [...] Nachrichten-

agentur.

(2002)

Satzreihe und Satzgefüge

Die Satzreihe

Seite 83 **1**
- Patrick geht gerne ins Kino, doch Franziska sieht abends gerne fern.
- Jana hat keinen Appetit auf Eis, aber sie mag Milchshakes.
- Leon kann sehr gut zeichnen, deshalb ist Kunst sein Lieblingsfach.
- Das Fahrrad ist grün, dadurch wirkt es modern.

Das Satzgefüge

Seite 84 **1** **Unser Kalender**

Unser Kalender gehört zu den alljährlichen Selbstverständlichkeiten, die wir in Anspruch nehmen, ohne dass wir weiter darüber nachdenken. Tag für Tag reißen wir ein neues Kalenderblatt ab, Jahr für Jahr scheint sich alles nach einem festgefügten Rhythmus zu wiederholen. Doch das war nicht immer so.
Bereits im Jahre 46 v. Chr. entwickelte Julius Caesar einen Kalender, der auf dem Sonnenjahr beruhte. Das sogenannte Julianische Jahr war im Durchschnitt 365,25 Tage lang, sodass regelmäßig ein Schaltjahr eingefügt werden musste. Allerdings war diese Zeitmessung noch zu ungenau. Das Jahr war um exakt 0,0078 Tage zu lang, deshalb stimmte im Laufe der Jahre der Kalender nicht mehr mit der Jahreszeit überein. Am Ende des 16. Jahrhunderts hatte sich bereits ein Unterschied von 10 Tagen zwischen dem tatsächlichen Sonnenstand und dem Kalender ergeben. Wenn man jetzt nichts geändert hätte, dann hätten unsere Nachfahren Weihnachten vielleicht einmal im Sommer feiern müssen.

Papst Gregor XII passte mit der von ihm erarbeiteten Reform die Zeiteinteilung wieder dem Sonnenstand an, sodass der Fehler behoben werden konnte. Am 24. Februar 1582 wurde beschlossen, dass in jenem Jahr auf den 4. Oktober sogleich der 15. Oktober folgen sollte. Gleichzeitig wurde die durchschnittliche Jahreslänge auf 365,245 Tage festgelegt.

Dieser Reform verdanken wir es, dass sich erst in etwa 3 000 Jahren eine Differenz um einen Tag vom Lauf der Sonne ergeben wird.

Subjektsatz und Objektsatz

Seite 86 **1**
- Nur wer geduldig ist, kommt ans Ziel. (Subjektsatz)
- Ich mag nicht, dass ihr so neugierig seid. (Objektsatz)
- Dass es einen Unfall gegeben hat, meldeten bereits die Fernsehnachrichten. (Objektsatz)
- Wir warten darauf, dass sie sich entscheidet. (Objektsatz)
- Dass Semire einen Fehler gemacht hat, ist zu verzeihen. (Subjektsatz)
- Wie lange die Reise dauert, steht noch nicht fest. (Subjektsatz, indirekter Fragesatz)

Seite 86 **2**
- Nur der Geduldige kommt ans Ziel.
- Ich mag nicht eure Neugierde.
- Den Unfall meldeten bereits die Fernsehnachrichten.
- Wir warten auf ihre Entscheidung.
- Semires Fehler ist zu verzeihen.
- Die Reisedauer steht noch nicht fest.

Seite 86 **3**
- Gülcan fragte, ob sie nicht gemeinsam für die Klassenarbeit lernen könnten.
- Lutz fragte, wann und wo sie sich treffen sollten.
- Johanna fragte, ob das Thema denn so schwierig sei.
- Leon wollte wissen, warum sie nicht einfach die Lehrerin um Rat fragten.

Attributsatz/Relativsatz

Seite 87 **1**
- Johannes hat einen neuen Computer, der auf dem neuesten Stand der Technik ist.
- Der Kindergarten, den etwa 100 Kleinkinder besuchen, ist im Sommer geschlossen.
- Die Polizei sucht einen Bankräuber, der etwa 35 Jahre alt sein und eine braune Cordhose tragen soll.
- Auf dem Sportplatz, auf dem bereits berühmte Mannschaften gespielt haben, findet ein spannendes Fußballspiel statt.
- Im Fernsehen läuft eine interessante Sendung, in der Schüler von ihren Auslandsaufenthalten berichten.
- Robert findet das Buch, das von den Kreuzzügen im Mittelalter handelt, spannend.

Seite 88 **2** Wirbelstürme

Tropische Wirbelstürme, **die sich über dem Meer entwickeln,** sind gefürchtet. Beim Übertritt auf das Festland verlieren sie spätestens nach anderthalb Tagen ihre Kraft. Voraussetzung für die Entstehung eines Wirbelsturms ist eine mindestens 27 Grad Celsius warme Wasseroberfläche, **die nur in den Tropen vorkommt.** Das Meerwasser, **das von der Sonne aufgeheizt wird,** verdunstet; die gewaltige Energiezufuhr verwandelt es in gasförmigen Wasserdampf, **der schnell nach oben steigt.** Dort, in kühleren Luftregionen, bilden sich Wolken, und die ersten Gewitterschauer gehen nieder. Herrscht extremes Luftdruckgefälle, wird immer mehr feuchtwarme Luft von unten angesaugt. Die Erddrehung lässt die riesigen Wolkentürme in Bewegung geraten. Mächtige Wirbel entstehen, **die zu dem verheerenden Sturm anwachsen.** Wirbelstürme verwüsten, begleitet von schweren Regengüssen, oft auch Gebiete außerhalb der Tropen. So bilden sich pro Jahr etwa acht Hurrikans über dem Atlantik, **von denen schließlich zwei oder drei den nordamerikanischen Kontinent heimsuchen.**

Adverbialsätze

Seite 90 **1**
- <u>Weil gutes Wetter ist</u>, gehen viele Menschen ins Freibad.
- Der Sportler erhält eine Medaille, <u>wenn er erfolgreich ist</u>.
- <u>Weil sie neugierig waren</u>, kamen die Schüler auf dem Schulhof zusammen.
- <u>Indem man intensiv übt</u>, kann man in der Schule Erfolg haben.

Seite 90 **2**
- Bereits kurz nach Schulschluss starten viele Familien mit ihrem Auto in den Urlaub, <u>(weil) sie möglichst bald ihren Ferienort erreichen wollen</u>. (Kausalsatz)
- Auf die Autobahnen strömen (so) viele Autos, <u>(dass) es vor allem an den Hauptverkehrspunkten zu langen Staus kommt</u>. (Konsekutivsatz)
- Die Lage verschärft sich (dadurch), <u>(dass) es auf den Straßen im Sommer viele Baustellen gibt</u>. (Modalsatz)
- <u>(Bevor) der Urlaub überhaupt Entspannung bescheren kann</u>, bedeutet die Anreise viel Stress. (Temporalsatz)
- <u>(Obwohl) die Menschen von dem Problem wissen</u>, wiederholt sich das Verkehrschaos jedes Jahr. (Konzessivsatz)
- <u>(Während) Tausende von Urlaubern Staus in Kauf nehmen</u>, entscheiden sich viele für die Reise mit der Bahn. (Adversativsatz)
- <u>(Wo) sie ihren Sommerurlaub verbringen</u>, legen viele bereits im Winter fest. (Lokalsatz)
- <u>(Damit) ihre Kunden sich entspannen können</u>, haben Reiseveranstalter eine bunte Vielzahl von Angeboten im Programm. (Finalsatz)
- Eine Flugreise bietet sich geradezu an, <u>(falls) man andere Kontinente besuchen und ferne Länder und Kulturen erkunden möchte</u>. (Konditionalsatz)
- Häufig ist der Urlaubsort dann ganz anders, <u>(als) man ihn erwartet hat</u>. (Komparativsatz)

Seite 91 **3** Der Smutje
Da es Gefrierschränke und attraktive Fertiggerichte gibt, könnten moderne Schiffe mit ihren immer kleiner werdenden Besatzungen auf den Smutje, den Schiffskoch, eigentlich verzichten. Jeder an Bord könnte sich nach Appetit und Laune selbst bedienen, **sodass für die Verpflegung der Mannschaft gesorgt und jeder zufriedengestellt wäre.** Ohne Smutje auszulaufen wäre aber ein großer Fehler, sagen einhellig alle Experten, **die sich mit dem Aufgabenbereich des Smutjes befassen mussten.** Der Koch brutzelt nämlich nicht nur die Mahlzeiten, sondern ist zugleich eine wichtige Vertrauensperson an Bord. Seine Kombüse, **wo sich jeder einfindet**, ist Treffpunkt für alle. Der Smutje spricht mit allen, er kann ihnen zuhören und ihre Sorgen verstehen, **sodass er viel mehr als ein Koch ist**: Er ist die Seele des Schiffes.

Komplexe Satzgefüge

Seite 92 **1** Reihenfolge: b) – a) – c)

Seite 93 **2**
- Das gelb angestrichene Haus in der Lessingstraße, das damals, als wir es zum ersten Mal sahen, noch ein Jugendzentrum beherbergt hatte, wurde gestern abgerissen.

_____ ,   _____ .
Hauptsatz   Hauptsatz

~~~~~~~~~ ,   ~~~~~~~~~ ,
Nebensatz 1. Ordnung   Nebensatz 1. Ordnung

~~~~~~~~~ ,
Nebensatz 2. Ordnung

- Wenn du denkst, dass du denkst, dann denkst du nur, dass du denkst.

———————————— ,

Hauptsatz

~~~~~~~~~~~~~~~ ,   ~~~~~~~~~~~~~~~ .

Nebensatz 1. Ordnung   Nebensatz 1. Ordnung

<div align="center">
~~~~~~~~~~~~~~~ ,

Nebensatz 2. Ordnung

- Ich erinnere mich gerne an die letzten Sommerferien, als wir gemeinsam mit Johannes und Paula, mit deren komfortablem Wohnmobil wir unterwegs waren, im sonnigen Spanien Urlaub gemacht haben.

———————————— ,

Hauptsatz

~~~~~~~~~~~~~~~ ,   ~~~~~~~~~~~~~~~ .

Nebensatz 1. Ordnung   Nebensatz 1. Ordnung

<div align="center">
~~~~~~~~~~~~~~~ ,

Nebensatz 2. Ordnung

- Anstatt dass du sagst, was du dir als Geschenk zu deinem Geburtstag wünschst, müssen wir nun selbst überlegen, was dir wohl am besten gefällt.

———————————— ,

Hauptsatz

~~~~~~~~~~~~~~~ ,   ~~~~~~~~~~~~~~~ .

Nebensatz 1. Ordnung   Nebensatz 1. Ordnung

<div align="center">
~~~~~~~~~~~~~~~ ,

Nebensatz 2. Ordnung

Seite 93 **3**
- Wir hatten nicht erwartet, dass das Unfassbare geschah, während wir tief und fest schliefen.
- Ich spiele in einer Band, mit der ich jeden Dienstag übe, obwohl ich dienstags eigentlich zum Tennistraining gehen sollte.
- Herr Meier grüßt Frau Müller freundlich, während sie nur nickt, da sie einen schweren Einkaufskorb trägt, der mit Obst und Milchflaschen gefüllt ist.
- Wenn morgen ein Fußballspiel stattfindet, bei dem die deutsche Nationalmannschaft gegen die USA spielt, wird in den Staaten kaum jemand das Spiel im Fernsehen verfolgen, da dort Football beliebter ist.
- Luis geht in die neunte Klasse, zu der noch 25 andere Schülerinnen und Schüler gehören, von denen er der beste Sportler ist.

Seite 93 **4**   Dies ist eine mögliche Lösung:

Der Einfluss der Griechen und Römer

Gelehrte Frauen und Männer, deren Meinung sehr anerkannt ist, haben sich jahrzehntelang darüber gestritten, ob Europa den Römern oder den Griechen mehr zu verdanken habe. *Während die Römer im Rahmen ihrer Eroberungszüge technische und kulturelle Neuerungen auf dem gesamten Kontinent bekannt machten, setzten die Griechen in Kunst*
5 *und Literatur Maßstäbe, die auch heute noch gelten.*
Forscher untersuchen in mühevoller Arbeit die griechischen und lateinischen Sprachspuren in den indoeuropäischen Sprachen. Wenn man *diese* Sprachspuren als Hinweis für den kulturellen Einfluss *beider Völker* nimmt, lässt sich gar nicht bestreiten, dass sie die Geschichte Europas gleichermaßen geprägt haben. *Entsprechende Studien beweisen,*
10 dass es in fast allen europäischen Sprachen ähnliche Wörter für „Politik" und „Demokratie", für „Geometrie" und „Theater" gibt. *Dies* ist jedoch zunächst auf die Griechen zurückzuführen; aber ohne die Römer wäre vielleicht vieles, wofür diese Begriffe stehen, in Vergessenheit geraten *und wäre heute nicht Allgemeingut; ihre militärische Macht hatte also auch positive Folgen.*

15 *Über den griechischen* Dichter Homer (8. Jh. v. Chr.) *ist nur wenig bekannt.* Als *er* seine
berühmten Epen „Ilias" und „Odyssee" schrieb, die den Trojanischen Krieg und das
Schicksal des Odysseus besingen, wurde die Stadt Rom gerade gegründet. *Ihr Gründungsjahr gibt* die Sage mit 753 v. Chr. an. Man errichtete die Stadt auf sieben Hügeln,
damit man die Schlammmassen im Tal umgehen konnte.
20 Mit all ihrer *beachtlichen* Gelehrsamkeit konnten die Griechen der entstehenden
Vormachtstellung der Römer nur wenig entgegensetzen, obwohl sie irgendwie auch
Sieger blieben. *Die Römer wollten nämlich* von den Griechen lernen und ihre Kultur
übernehmen, *weil sie ihre Weisheit schätzten.* Viele bedeutende Römer sprachen nicht
nur vollendetes Griechisch, sondern übersetzten auch viele Werke der griechischen
25 Philosophie und Redekunst in das Lateinische. Diese und andere Bücher über Landwirtschaft, Geografie oder Dichtkunst wurden durch Vermittlung der Römer zur
Grundlage der Bildung in Europa.

Rechtschreibung üben

Groß- und Kleinschreibung – Nominalisierung/Substantivierung

Seite 95 **1** ● Der Radiosender versprach, die Hörer über den Spielstand auf <u>dem Laufenden</u> zu
halten. Das laufende Spiel musste wegen starken Regens für eine Stunde unterbrochen werden.

● Wegen des schönen Wetters machen viele Menschen einen Ausflug <u>ins Grüne</u>.
Während die Polizisten in einigen Bundesländern noch grüne Uniformen tragen,
sind diese in anderen durch blaue ersetzt worden.

● Der Sportverein sucht schon lange nach Trainingsräumen. Ein Vertreter der Stadt
sagte heute, dass <u>etwas Geeignetes</u> gefunden wurde.
Bei dem Sporteignungstest müssen leider viele feststellen, dass sie nicht geeignet
sind.

● Durch den starken Seegang waren viele Passagiere nach kurzer Zeit blau und grün
im Gesicht.
Durch <u>das</u> helle <u>Grün</u> und <u>Blau</u> kommt der Stoff besonders gut zur Geltung.

● Im Zoo sollten die Besucher nicht das Raubtiergehege betreten.
<u>Das Betreten</u> der Eisfläche ist gefährlich.

Seite 96 **2** ● <u>Fürs Erste</u> unterbrach die Polizei die Suche nach dem Entführer.
Das erste Haus in der Straße ist die Hauptpost.

● Der Läufer lief als <u>Vierter</u> ins Ziel.
Er belegte damit den vierten Platz.

● Wir verabredeten uns für den zehnten Mai.
Wir sehen uns <u>am Zehnten</u> des nächsten Monats.

Seite 96 **3** ● Um zu bestehen, muss er mindestens <u>eine Vier</u> in der Arbeit schreiben.
Das Quartett, das zur Eröffnung spielte, bestand aus vier Streichern.

● Die Eltern verlangen, dass die Kinder ohne <u>Wenn</u> und <u>Aber</u> mit zum Besuch bei den
Verwandten fahren.
Einige Insekten sind völlig harmlos, wenn sie aber gereizt werden, können sie sehr
aggressiv werden und zustechen.

- Der Redner versuchte <u>im</u> <u>Folgenden</u> die Vorteile anschaulich aufzuzeigen.
  In den auf das Gewitter folgenden Minuten verließ aus Sorge vor weiteren Unwettern niemand das Haus.

- Nachdem der Ball mehrfach hin und her geschossen wurde, landete er schließlich doch im Tor.
  Der Verkäufer blieb bei <u>dem</u> ewigen <u>Hin</u> und <u>Her</u> der Kundin immer noch sehr geduldig.

- Das Ferienhaus muss einige Wochen <u>im</u> <u>Voraus</u> bezahlt werden.
  In der Regel fährt der Rettungswagen dem Notarztwagen voraus.

- Am Ende waren die Veranstalter der Meinung, dass <u>dem</u> <u>Ganzen</u> zu viel Aufmerksamkeit beigemessen wurde.
  Am Ende der Veranstaltung waren die Organisatoren der Meinung, dass sich der ganze Aufwand gelohnt hatte.

- Die Arbeit nahm wesentlich mehr Zeit in Anspruch, als ursprünglich erwartet worden war.
  <u>Im</u> <u>Wesentlichen</u> sind auf der Konferenz die erhofften Ziele festgelegt worden.

- Wir müssen <u>das</u> <u>Für</u> und <u>Wider</u> einer Skifreizeit genau abwägen.
  In der Klasse sprachen einige Schüler für, andere wider die Skifreizeit.

s-Laute

Seite 97 **1** Sylvia Englert (geb 1970)
Schreib's doch einfach auf!

Sich große Mengen von Informationen zu merken fällt nicht leicht – die Lösung ist, sie schriftlich aufzuzeichnen. Erste Schreibversuche finden sich schon auf den Wänden von Höhlen, in denen die Vorfahren des Homo sapiens hausten. Als die Indianer Amerika besiedelten, benutzten sie als Gedächtnisstütze für ihre überlieferten Ge-
5 schichten comicartige Folgen von kleinen Bildsymbolen (Piktogramme), die sie auf Birkenrinde zeichneten. In Ägypten schrieb man mit Pinseln und Ruß-Tinte auf Papyrus, in Mesopotamien drückte man ein spitzes Stöckchen in Tontafeln und hatte dafür schon eine abstrakte Schriftsprache erfunden, die Keilschrift. Im alten Rom benutzte man, wenn's schnell gehen sollte, Wachstäfelchen.
10 In Rom konnten sich die Bürger übrigens schon sehr früh über Tagesereignisse informieren: Die sogenannte „Acta Diurna", eine Art frühe Zeitung, wurde an öffentlichen Plätzen ausgehängt. Allerdings war sie eine eher langweilige Lektüre, etwa so wie das „Amtsblatt" heute. Zu den echten Vorläufern der heutigen Presse zählten die privaten Briefe von Händlern, Professoren und Fürsten; Kaufleute waren eine Art
15 wandelnde Nachrichtenquelle. Auch Flugblätter gab es, auf denen aber meist nur eine Nachricht verkündet wurde.
Die gesprochene Sprache aufzuschreiben stellte sich als gute Idee heraus, denn nun konnte man sie auch transportieren. Jetzt war es möglich, sich über weite Strecken mitzuteilen: In Ägypten verbreiteten kleine Tontäfelchen die Nachricht von der Krö-
20 nung des Pharao Ramses II. Julius Caesar nutzte Botentauben, um Gallien unter Kontrolle zu halten. In Afrika und Südamerika benutzen manche Völker heute noch die „Nachrichtentrommel": Mit ihr kann man sich in unübersichtlichem Gelände über mehrere Kilometer Entfernung die neuesten Ereignisse mitteilen.
Wer schreiben konnte, hatte Macht – das war damals in allen Ländern so. Oft be-
25 herrschten nur Priester diese schwierige Kunst, und auch in Mitteleuropa waren es die Mönche, die als Gelehrte Wissen bewahrten. In Ägypten waren Schreiber hoch geschätzte Fachleute, die wegen der vielen komplizierten Symbole eine lange Ausbildung

in ihrem Beruf brauchten. Im Auftrag des Pharao produzierten sie fleißig Gerichtspro-
tokolle, Briefe, Rechnungen und Verträge.

30 Obwohl das Wort „Papier" von der ägyptischen Pflanze Papyrus abgeleitet ist, wurde
das, was wir heute als Papier kennen, in China erfunden und verbreitete sich erst im 13.
Jahrhundert in Mitteleuropa. Zu dieser Zeit konnten die meisten Deutschen, bis hin
zum Adel, nicht lesen und schreiben. Sogar viele Könige unterschrieben mit einem
Kreuz. Also übermittelte man Informationen mithilfe von Bildern: Wer die Bibel nicht
35 lesen konnte, der schaute sich die Bilder in den Kirchenfenstern oder Wandmalereien
an und reimte sich so die Geschichte der Kreuzigung zusammen. Deutsch lesen zu
können nützte lange Zeit auch nicht gerade viel: In Deutschland waren die meisten
Texte bis zum 15. Jahrhundert lateinisch geschrieben. (2002)

Comic

Hinter dem uns allen so geläufigen, aus dem Amerikanischen stammenden Begriff
„Comic" steckt das deutsche Wort „Bildergeschichte", eine Geschichte also, die ohne
viele Worte einfach in Bildern dargestellt bzw. nacherzählt wird. Diese Methode ist
eigentlich schon uralt. Den Vorgängern unserer modernen Comics begegnet man an
5 den Tempelwänden der alten Ägypter mit den Darstellungen ganzer Schlachten oder
Jagdzüge und ebenso an den Wänden mittelalterlicher Kirchen, wo biblische Geschichte und Legenden für jene Menschen dargestellt wurden, die nicht lesen konnten
(„Bibel der Armen"). Auch die Bildtafeln, wie sie früher einmal die Bänkelsänger auf
den Jahrmärkten verwendeten, um ihre traurigen Moritaten zu erzählen, gehören zu
10 den Vorformen des Comics.
Die gezeichneten Bildergeschichten in Büchern kamen vor etwa 150 Jahren in der
Schweiz auf, bald danach folgten die bekannten Bildergeschichten in den „Fliegenden
Blättern" oder den „Münchner Bilderbogen". Mit Wilhelm Busch erreichten diese
Serien einen ersten künstlerischen Höhepunkt. Die frühen Bildergeschichten kannten
15 das Prinzip der Sprechblasen noch nicht, sie hatten entweder gar keinen Text oder eine
erläuternde Unterschrift. Die Comics in der heutigen Form stammen ursprünglich aus
den USA, wo sie um 1900 in den Sonntagsbeilagen großer Zeitungen als „lustige
Bilderstreifen" (comic strips) auftauchten, erst ohne Text und Sprechblasen, dann aber
bald in der uns gewohnten Gestalt. [...] In den modernen Comics sollen die Bilder
20 selbst sprechen. Worte, Geräusche und Gedanken werden in Sprech- und Denkblasen
eingeschlossen. Wie die Dichter versuchen auch die Zeichner, den Betrachter in das
Geschehen mit einzubeziehen. Dies gelingt dem Zeichner erst, wenn der Leser des
Comics die Bildersprache verstehen lernt, um die Gefühle der handelnden Personen
ebenso wie ihre Charaktere aus den gezeichneten Gesichtern ablesen zu können. Um
25 der Verständlichkeit willen kommt es daher vielfach zu vereinfachender Typisierung
und Schematisierung. Das Geschehen selbst wechselt zwischen „Großaufnahmen"
(z. B. einzelne Gesichter) und „Szenenaufnahmen". [...]
Der ungebrochene Erfolg der Comics liegt in der Suche nach bequemer Entspannung,
Ablenkung und Abenteuer. Ähnlich wie bei den Märchen spielt die Sehnsucht, hier
30 Wunschträume erfüllt zu sehen, eine Rolle. Längst haben deshalb große Comic-Produzenten eigene Marktforscher und sogar Psychologen angestellt, die solche Leserträu-
me und -wünsche sehr genau untersuchen und nichts, kein Motiv, keinen Namen, ja
nicht einmal die Farben, dem Zufall überlassen.

(Auszug aus einem Lexikonartikel)

Seite 100 **2** erleben: Erlebnis, Erlebnisse
sich ereignen: Ereignis, Ereignisse
finster: Finsternis, Finsternisse
hindern: Hindernis, Hindernisse
verhängen: Verhängnis, Verhängnisse
geheim: Geheimnis, Geheimnisse
wild: Wildnis, Wildnisse

Zusammen- und Getrenntschreibung

Grundregeln

Seite 101 1

- Wenn du um 14.00 Uhr **zurück bist** 5, haben wir noch genügend Zeit für ein Beratungsgespräch.
- Weil Pauline im Urlaub sehr viel **Fahrrad fahren** 2 will, bringt sie ihr Rad zum Händler, um es kontrollieren zu lassen.
- Vor nahezu 3 000 Jahren begannen die Griechen damit, Theaterstücke **aufzuschreiben** 1.1 und auf speziellen Bühnen **aufzuführen** 1.1.
- Die **Stahl erzeugende/stahlerzeugende** 3 Industrie gehört in China zu den Wachstumsbranchen.
- Es ist nicht ratsam, von dem Mauervorsprung **herunterzuspringen** 1.1.
- Solltest du mich noch einmal einfach so **stehen lassen/stehenlassen** 7, kündige ich dir die Freundschaft auf.
- Adjektive und Adverbien werden **kleingeschrieben** 9.
- In welchem Alter hast du **lesen gelernt** 6?
- Schülerinnen und Schüler, die am Wandertag **eislaufen** 4 oder **Ski fahren** 2 wollen, müssen sich in eine gesonderte Liste eintragen.
- Jule ist es nicht **schwergefallen** 9, sich bei ihrem Freund zu entschuldigen.
- Paul ist bei dem Wettkampf leider **schwer gestürzt** 8.
- Auf eine definitive Aussage ließ er sich nicht **festnageln** 9.
- Das Schnitzel war so groß, dass er seinen Teller nicht **leeressen/leer essen** 10 konnte.
- Darüber sollten wir uns noch einmal **auseinandersetzen** 1, um die Sachlage abschließend **zu klären** 1.2.

Seite 102 2

- **Fleisch fressende/fleischfressende** Pflanzen wachsen in den Tropen, einige Sorten gibt es jedoch auch in unseren Regionen zu kaufen.
- Mit einem Spezialschwamm kannst du dein Fahrradgestänge **blank putzen/blankputzen**.
- Der Ätna gehört zu den Vulkanen, die immer wieder **Feuer speien**.
- Das, was sie gemacht hat, sollte ihr **leidtun**.
- Wenn du zu lange ungeschützt in der Sonne **liegen bleibst/liegenbleibst**, kannst du deine Haut dauerhaft schädigen.
- In ca. einer Stunde werde ich mit den Hausaufgaben **fertig sein**, dann können wir **Eis essen**.
- Wenn du bei einem Referat **frei sprichst**, ist dir die Aufmerksamkeit des Publikums eher gewiss, als wenn du alles abliest.
- Wenn alles **vorbei ist**, werde ich ein paar Tage ausspannen.
- Im klassischen Griechenland saßen die Zuschauer auf **ansteigenden** Stufen, die das Bühnenhaus im Halbrund **umschlossen**.
- Das Gerät ließ sich nur sehr schwer **handhaben**, deshalb beschloss sie, es **zurückzugeben**.
- Marta hatte im Urlaub einen netten Jungen aus Griechenland **kennengelernt/kennen gelernt**, deshalb wäre sie gern noch eine Woche länger geblieben.
- Seine Eltern haben ihm verboten, so lange **fernzusehen**.
- Wiederholt versuchte er, ihr Vertrauen **wiederzugewinnen**.

Verbindungen mit der Partikel *so*

Seite 103 1

- Die Sache liegt mir **so fern** A, dass ich mich damit gar nicht beschäftigen möchte.
- **Sofern** K mein Taschengeld es zulässt, komme ich mit ins Kino.
- Er wird, **soweit** K ich weiß, **so bald** A nicht wieder mitspielen können.

- Kannst du nicht **so lange** $\boxed{A}$ warten, bis dein Mitschüler die Arbeit beendet hat?
- Ich werde bei dir bleiben, **solange** $\boxed{K}$ es dir nicht gut geht.
- Paul aß **so viel** $\boxed{A}$, dass er zu platzen drohte.
- Er arbeitete stundenlang, **sodass** $\boxed{K}$ er Kopfschmerzen bekam.
- Unser Mittelstürmer ist, **soviel** $\boxed{K}$ ich weiß, am Samstag wieder einsatzbereit.
- Er bemühte sich **so sehr** $\boxed{A}$, dass er rot anlief.
- Er wird, **sosehr** $\boxed{K}$ es mich freuen würde, die Prüfung nicht bestehen.

Texte zum Üben

Seite 104 **1** **Welche Religion hatten die alten Griechen?**

Im antiken Griechenland wurden Götter verehrt, die angeblich auf dem Berg Olymp wohnten. Man brachte ihnen viele Opfer, um sie **gnädig zu stimmen** und um das Wohlergehen des Staates **zu sichern**. Die Götter waren allmächtig(,) und für einen Sterblichen gab es keine größere Sünde als den Hochmut, sich auf die gleiche Stufe wie die Götter **zu stellen** (Hybris). Da die Zukunft in den Händen der Götter lag, konnten sie auch **voraussagen**, was den Menschen **bevorstand**. Um die Zukunft **zu erfahren**, befragte man Orakel. Das berühmteste Orakel befand sich in Delphi. Im Zentrum des Tempels gab es eine Öffnung, aus der manchmal vulkanische Dämpfe **aufstiegen**. Alles, was die inmitten dieser Dämpfe sitzende Priesterin sagte, hielt man für die Worte des Gottes Apoll.

Was berichtet die Sage vom Minotaurus?

Eine interessante kretische Sage rankt sich um den **sogenannten/so genannten** Minotaurus, einen Königssohn, der halb Stier, halb Mensch war. Aus Scham hielt der König Minos ihn in einem unterirdischen Labyrinth versteckt, das der erfinderische Dädalus unter dem Palast des Königs gebaut hatte. Die Bezeichnung Labyrinth ist **abgeleitet** von „labrys", einer doppelschneidigen Axt, die zwei Hörner hatte, genau wie die Stiere, die damals **so oft** den Göttern geopfert wurden, um diese gnädig **zu stimmen**. Überall auf Kreta stößt man auf das Hörnermotiv(,) und selbst die Zinnen des Palastes haben diese Form.

Manchmal konnte man das Monstrum in dem unterirdischen Labyrinth brüllen und gegen die Wände **rennen hören, sofern** man der Sage **Glauben schenkt**. Wahrscheinlich versuchte man, auf diese Weise das Grollen und die Erdstöße der bei den Inselbewohnern so gefürchteten Erdbeben **zu erklären**.

Wie wurden die Mumien im alten Ägypten konserviert?

Im alten Ägypten wurden die Körper wichtiger Personen nach ihrem Tod **einbalsamiert** (mumifiziert), um ihnen ein Leben nach dem Tod **zu ermöglichen**. Die meisten Organe wurden entfernt, **sodass/so dass** der Verwesungsprozess nicht beginnen konnte. **Sobald** dieses geschehen war, wurde die Leiche mit aromatischen Desinfektionsmitteln **abgerieben**. Dann wurde sie von Kopf bis Fuß in **wohlriechende** Tücher gehüllt und in einen prunkvollen Sarkophag (Sarg) gelegt.

Als Grabstätten für die damaligen Könige dienten die Pyramiden. Der ägyptischen Religion zufolge reichte es jedoch nicht aus, den Körper **zu erhalten**, auch ein langwieriges Ritual musste **ausgeführt** werden, damit wirklich **sichergestellt** war, dass der Tote in der anderen Welt **weiterleben** würde.

Seite 105 **2** freie Aufgabe

Rechtschreibung – Fremdwörter

Seite 106 **1**

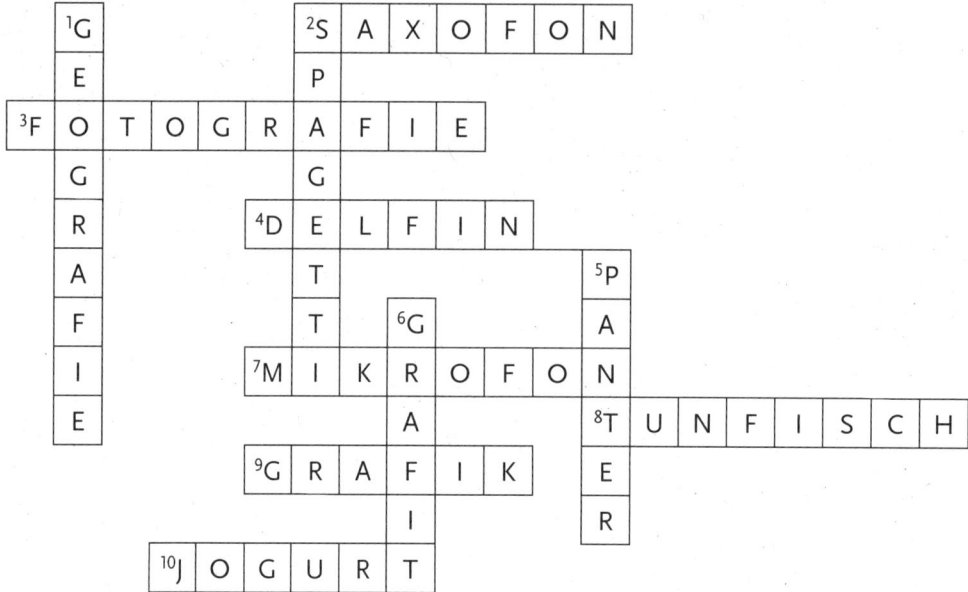

Seite 106 **2**

Sport/Freizeit	Technik	Essen/Trinken
Hobby	DVD-Player	Cheeseburger
Inlineskates	Handy	Steak
Fitness	Software	Cocktail
Basketball	Laser	Ketchup (auch: Ketschup)
Hockey	online	Fast Food
Rugby	Monitor	Toast
Badminton	Laptop	Dinner

Seite 107 **3**

Fremdwort	Bedeutung	Genus	Herkunft
Revisor	Korrektor; Buch-, Rechnungsprüfer	Mask.	nicht verzeichnet
Revolution	Umsturz, Umwälzung	Fem.	nicht verzeichnet
Rezept	Kochanleitung; ärztl. Verordnung; übertragen: Vorschlag zum Vorgehen, zum Handeln	Neutr.	lat.
Rezitation	künstlerischer Vortrag (von Gedichten u. Ä.)	Fem.	lat.
Revitalisierung	Erholung nach einer Krankheit	Fem.	nicht verzeichnet
Revue	frz. Bezeichnung für Überblick, Rundschau; Bühnenstück mit Musik, Tanz und großer Ausstattung; veraltet: Truppenschau; Revue passieren lassen; übertr.: (im Geist) an sich vorbeiziehen lassen	Fem.	franz.

Fremdwort	Bedeutung	Genus	Herkunft
Rezeption	Übernahme, Aufnahme, Empfang; Empfangsraum (im Hotel)	Fem.	lat.
Rezension	kritische Besprechung (neuer Bücher, Theateraufführungen, Filme usw.; Bearbeitung eines Textes (zur Neuausgabe)	Fem.	nicht verzeichnet
Revolte	Aufruhr, Aufstand	Fem.	franz.

D	F	**R**	H	L	O	P	Ä	G	T	D	V	H	K	L	O
A	Q	**E**	G	U	K	L	Ö	P	D	F	R	T	H	N	M
R	**E**	**V**	**I**	**S**	**O**	**R**	S	D	R	T	Z	H	N	V	F
W	E	**U**	S	R	E	T	H	N	M	K	L	U	I	M	L
S	D	**E**	D	E	W	A	C	B	H	U	I	O	L	Ö	G
F	**R**	D	**R**	D	D	R	V	D	W	E	T	U	I	K	L
G	**E**	G	**E**	G	F	E	G	D	E	S	B	M	L	Ö	D
U	**V**	B	**Z**	**R**	**E**	**V**	**O**	**L**	**U**	**T**	**I**	**O**	**N**	**Ä**	**R**
F	**I**	N	**E**	B	S	O	E	G	B	N	U	**R**	D	E	**R**
R	**T**	J	**P**	F	E	L	S	D	R	T	H	**E**	K	L	**E**
O	**A**	I	**I**	G	V	V	S	E	G	F	T	**Z**	H	U	**V**
Z	**L**	U	**I**	H	I	E	C	E	S	D	F	**E**	H	J	**O**
E	**I**	K	**O**	J	**R**	**E**	**Z**	**E**	**P**	**T**	G	**N**	C	V	**L**
N	**S**	N	**N**	D	N	D	B	N	K	L	Ö	**S**	T	D	**T**
S	**I**	K	**K**	V	F	Z	B	N	K	L	Ö	**I**	W	E	**E**
I	**E**	L	H	**R**	**E**	**Z**	**I**	**T**	**A**	**T**	**I**	**O**	**N**	D	B
O	**R**	Ö	K	N	D	W	E	R	T	Z	H	**N**	V	E	H
N	**U**	T	L	M	S	X	E	D	G	B	J	L	P	T	D
T	**N**	D	H	D	E	A	D	G	T	R	U	I	P	I	O
D	**G**	E	N	S	T	D	G	T	H	K	L	Ö	P	T	N

Seite 109 **4** Alliteration – Anapher – Ellipse – Antithese – Metapher – Parallelismus – Personifikation – Symbol

Die Zeichensetzung

Kommasetzung bei Satzreihen

Seite 110 **1** **Mit der Schule in Ungarn**

- In diesem Schuljahr habe ich am Austauschprogramm meiner Schule teilgenommen, meine Austauschgruppe ist dabei nach Ungarn gefahren. (Regelnr.: **1**)

- Das war mein erster Besuch in Ungarn, aber es wird bestimmt nicht mein letzter Besuch gewesen sein. (Regelnr.: **2**)

- Ganz besonders erfreut waren wir alle von der außergewöhnlichen Herzlichkeit unserer Gastgeber**(,)** und auch von der Schönheit des Landes waren wir immer wieder angetan. (Regelnr.: **3**)

- Jeder Tag bot eine neue Überraschung und ein neues Ausflugsziel, doch die Besuche in den Thermalbädern waren die Höhepunkte der Fahrt. (Regelnr.: **2**)

- Mitten in wunderschönen Landschaften gelegen sprudelt warmes Wasser aus dem Boden**(,)** und man kann sich einfach in die Becken legen und das warme Wasser und die Landschaft gleichzeitig genießen. (Regelnr.: **3**)

- Alle Schüler waren beim Abschied auf dem Bahnhof sehr traurig, aber zum Glück gibt es noch einen Gegenbesuch unserer neu gewonnenen Freunde aus Ungarn. (Regelnr.: **2**)

Kommasetzung in einfachen Satzgefügen

Seite 111 **1** **Abenteuerlicher Flug nach Schweden**

- Schon die Fahrt mit dem Bus von Paderborn zum Flughafen am Niederrhein war außergewöhnlich, da der Busfahrer sich nicht auf das Navigationsgerät, sondern auf seinen angeblichen Orientierungssinn verließ.

- Am Ende kostete uns dies wenigstens eine Dreiviertelstunde Verspätung, die ziemlich nervenaufreibend war.

- Hätten wir allerdings zu dem Zeitpunkt gewusst, was uns noch bevorstand, hätten wir wohl nichts gesagt.

- Weil der Flughafen recht übersichtlich war, lief nach Ankunft am Flugschalter alles glatt**(,)** und wir saßen alle glücklich und zufrieden auf unseren Sitzen.

- Dem einen oder anderen Schüler wurden dann zwar doch die Knie weich, als der Flieger abhob, aber dann waren wir in der Luft und freuten uns auf einen gemütlichen Flug.

- Der Abend nahte**(,)** und man konnte nur noch die Lichter der Städte erkennen.

- Bald machte sich die Aufregung der Hinfahrt bemerkbar**(,)** und immer mehr Schüler schliefen ein, auch wenn die Sitze nicht sehr bequem waren.

- So bemerkten wir auch nicht, dass der Pilot irgendwann die Richtung änderte und wieder heimatlichen Kurs nahm.

- Entsprechend groß war die Verwunderung, als wir dann in den Landeanflug übergingen, aber nicht in Schweden, sondern wieder am Niederrhein landeten.

- Wegen technischer Probleme war der Pilot, der noch neu in seinem Beruf war, auf Nummer sicher gegangen und umgekehrt.

- So mussten wir erst eine ganze Zeit warten, bis ein neuer Flug gestartet werden konnte.

Kommasetzung in komplexen Satzgefügen

Seite 112 **1**
- Die Unterkunft, die wir gebucht haben, bevor wir losgefahren sind, erwies sich als katastrophal.
- Um das Hotel, das mitten in der Stadt lag, die von vielen Menschen besucht wird, führte eine Hauptstraße.
- Viele Autofahrer, die auf der Hauptstraße fuhren, um in die Stadt zu gelangen, hupten unaufhörlich.
- Wir waren entsetzt, als wir merkten, dass wir auch nachts keine Ruhe finden würden.
- Obwohl unser Zimmer, das sich entgegen unseren Wünschen im Erdgeschoss befand, zum Hinterhof lag, drang der Lärm hinein.
- Weil wir nicht wollten, dass wir keine Nacht Ruhe finden, baten wir die Reiseleitung um ein Zimmer in einem anderen Hotel.
- Weil jedoch kein Zimmer frei war, das unserer Preisvorstellung entsprach, mussten wir noch zwei Tage in dem Lärm ausharren.

Seite 112 **2**
- Weil die Hinfahrt, die über 10 Stunden dauerte, sehr anstrengend war, schliefen wir direkt nach der Ankunft erst einmal zwei Stunden.
- Obwohl es sehr heiß war, weil es Mittag war und die Sonne schien, schliefen wir tief und fest.
- Danach gingen wir, um uns das Meer anzuschauen, das nur wenige Schritte vom Hotel entfernt lag, an den Strand.
- Weil wir unsere Badehosen, die noch im unausgepackten Koffer lagen, nicht mitgenommen hatten, konnten wir nicht sofort schwimmen gehen.
- In den nächsten Tagen, die voller Sonnenschein waren, wie auch der Wetterbericht vorhergesagt hatte, gingen wir mit großer Freude ins Wasser.

Kommasetzung bei Infinitivgruppen

Seite 113 **1** **Eine anstrengende Busfahrt**
- Auch die Möglichkeit, sich entspannt hinzusetzen, war nicht immer gegeben.
- So baten schon bald die ersten Schüler darum, eine Pause zu machen.
- Der Busfahrer musste aber daran denken, seine vorgeschriebenen Ruhezeiten einzuhalten.
- So schnell kam es also nicht infrage, eine Rast zu machen.
- Zum Glück hatten mehrere Schüler daran gedacht, eine DVD mitzunehmen.
- Nach längeren Diskussionen gelang es, sich auf einen Film zu einigen.
- Der Film half den Schülern dabei, sich über die Unbequemlichkeiten hinwegzutrösten.

- So waren alle darüber erstaunt, vom Busfahrer zu hören, dass die lang ersehnte Pause anstehe.

- Ohne nach dem Zeitpunkt der Weiterfahrt zu fragen, stürmten alle in die Raststätte.

- Der Anblick des Fast-Food-Restaurants verleitete viele Schüler dazu, sich dort erst einmal zu verköstigen.

- Die Lehrer hatten alle Mühe damit, die Schüler wieder in den Bus zu bekommen.

- Nach einer langen Fahrt freuten wir uns darüber, am Ziel zu sein.

- Keiner mochte zu dem Zeitpunkt daran denken, sich wieder auf den Heimweg machen zu müssen.

Texte zum Üben

Seite 114 **1**

Suzanne Collins: Die Tribute von Panem – Tödliche Spiele

Als Katniss erfährt, dass das Los auf ihre kleine Schwester Prim gefallen ist, zögert sie keinen Moment. Um Prim zu schützen, meldet sie sich an ihrer Stelle für die alljährlich stattfindenden Spiele von Panem – in dem sicheren Wissen damit ihr eigenes Todesurteil unterschrieben zu haben. Denn von den 24 Kandidaten darf nur ein einziger überleben. Zusammen mit Peeta, einem Jungen aus ihrem Distrikt, wird Katniss in die Arena geschickt, um sich dem Kampf zu stellen. Beiden ist klar, dass sie sich früher oder später als Feinde gegenüberstehen werden. Doch dann rettet Peeta Katniss das Leben …

Suzanne Collins: Die Tribute von Panem – Gefährliche Liebe

Seitdem Katniss und Peeta sich geweigert haben(,) einander in der Arena zu töten, werden sie vom Kapitol als Liebespaar durch das ganze Land geschickt. Doch da ist auch noch Gale, der Jugendfreund von Katniss. Und mit einem Mal weiß sie nicht mehr, was sie wirklich fühlt oder fühlen darf. Als immer mehr Menschen in ihr und Peeta ein Symbol des Widerstands sehen, geraten sie alle in große Gefahr. Und Katniss muss sich entscheiden – zwischen Peeta und Gale, zwischen Freiheit und Sicherheit, zwischen Leben und Tod …

Suzanne Collins: Die Tribute von Panem – Flammender Zorn

Möge das Gute siegen! Möge die Liebe siegen! Das grandiose Finale! Katniss gegen das Kapitol! Schwer verletzt wurde Katniss von den Rebellen befreit und in Distrikt 13 gebracht. Doch ihre einzige Sorge gilt Peeta, der dem Kapitol in die Hände gefallen ist. Die Regierung setzt alles daran, seinen Willen zu brechen, um ihn als Waffe gegen die Rebellen einsetzen zu können. Gale hingegen kämpft weiterhin an der Seite der Aufständischen, und das, zu Katniss' Schrecken, ohne Rücksicht auf Verluste. Als sie merkt, dass auch die Rebellen versuchen(,) sie für ihre Ziele zu missbrauchen(,) wird ihr klar, dass sie alle nur Figuren in einem perfiden Spiel sind. Es scheint ihr fast unmöglich, die zu schützen, die sie liebt …

Seite 115 **2**

David Kleingers

„The Hunger Games": „Twilight" ausgedämmert – jetzt kommen die Teen-Gladiatoren

Brot, Spiele, Sponsorenverträge: Im Endzeit-Spektakel „Hunger Games" kämpfen Pubertierende als Gladiatoren in Unterhaltungs-Shows.

Dieses Mädchen ist nicht aus Freude an der Natur im Wald unterwegs. Routiniert holt sie zunächst Pfeil und Bogen hervor, die in einem hohlen Baumstamm versteckt sind.
5 Kurz darauf entdeckt sie ein Reh, nimmt es ins Visier und wartet auf den Moment für den Schuss. Der kommt in diesem Fall zwar nicht, aber wenn Hollywoods Nachwuchshoffnung Jennifer Lawrence als Katniss Everdeen in einer der ersten Szenen auf das

Tier zielt, dann offenbart ihr Gesicht mehr als die Entschlossenheit einer Jägerin. In ihrem Blick findet sich eine Ahnung davon, was der Akt des Tötens jenseits der Nah-
10 rungsbeschaffung bedeutet – gerade als Teenager in einem diktatorischen Zukunfts-staat, der bei der Hatz zwischen Rehen und Menschen keinen Unterschied macht. Zugleich liegt ein Versprechen in diesem Blick, welches die Verfilmung von Suzanne Collins' Bestseller im weiteren Verlauf einlöst. Denn sie ist viel besser, als sie sein müsste. Schließlich war es angesichts des immensen kommerziellen Erfolgs der
15 Vorlage eigentlich nur eine Formsache, dass Hollywood sich des 2008 veröffentlichten Romans annimmt. „The Hunger Games" – in Deutschland als „Die Tribute von Panem" erschienen – ist ein Buch, das man mit 14 Jahren heiß und innig liebt. Es ist aber auch eines, das man als Leser jenseits der 30 nicht verschämt verstecken muss [...].

Aus: Spiegel online, 16.3.2012

Hilde Elisabeth Menzel
Ich bin nicht nett

Da fasst ein junger australischer Autor den Entschluss, seinen neuen Roman in Deutschland während der NS-Zeit anzusiedeln, und in kürzester Zeit steht sein Buch auf den internationalen Bestsellerlisten. Ein Phänomen! Denn mehr als sechzig Jahre nach Kriegsende sind die Verbrechen der Nazis so umfangreich dokumentiert, wurde
5 von den Leiden der Menschen so oft erzählt, dass man den Mut bewundert, dem überfüllten Markt ein weiteres Buch zu diesem Thema zuzumuten. Doch mit dem Kunstgriff, den Tod als Erzähler auftreten zu lassen, ist Markus Zusak eine aufregende Variante gelungen. Der Wechsel der Perspektive scheint sich auszuzahlen. Und es ist ein ganz besonderer Tod, ein humaner Tod sozusagen, der mit seinem ironischen, ja
10 gelegentlich sarkastischen Ton Distanz schafft zum ungeheuerlichen Geschehen, sodass man die stellenweise allzu große Intensität der Sprache und ein gewisses Pathos gut verkraften kann. [...]
Es ist ein kleines Mädchen, Liesel, das dem Tod in einer Zeit am Herzen liegt, in der er über die Maßen viel zu tun hat. „Es ist die Geschichte von einer beständig Überleben-
15 den – von einer Expertin im Zurückbleiben."
Liesel bleibt zurück, als ihr kleiner Bruder auf der Fahrt nach Süddeutschland stirbt und ihre Mutter – wie zuvor schon der Vater – für immer aus ihrem Leben verschwindet. Hier – am Grab ihres Bruders – beginnt Liesels „Karriere als Bücherdiebin". Sie nimmt sich ein Buch als Ausgleich zum Verlust all dessen, was ihr vertraut war. Ein seltsamer
20 [...] Einfall des Autors, zumal es sich bei dem Buch um das Handbuch für Totengräber handelt. Immerhin bringt ihr der liebevolle Pflegevater Hans Hubermann in Ermange-lung anderer Lektüre mithilfe dieses Buches das Lesen bei. Die Welt der Bücher und der Sprache wird für sie ein unverzichtbarer Trost in dieser finsteren Zeit.
Mit ihren Pflegeeltern in Molching(,) nahe München(,) hat Liesel Glück, obwohl es
25 etwas dauert, bis sie das weiche Herz unter der rauen Schale von Rosa Hubermann erkennt. Dem Leser geht es ähnlich, doch spätestens als Rosa zustimmt, dass ihr Mann den Juden Max Vandenburg im Keller versteckt, hat sie ihn auf seiner Seite. Denn für die Hubermanns bedeutet dies auch eine Entscheidung gegen den eigenen Sohn, der zu ihrem Kummer zum überzeugten Nazi geworden ist.
30 Die langsam wachsende, tiefe Beziehung zwischen dem Kind Liesel und dem Juden Max gehört zum Besten, was dieser umfangreiche Roman voller Nebenstränge und Anekdoten aus Liesels Leben während des Krieges zu bieten hat. Es ist wunderbar, als Liesel ihrem Max als Weihnachtsgeschenk einen Schneemann in seiner Kellereinsam-keit baut. „Es war der Beginn des großartigsten Weihnachtsfestes überhaupt. Wenig zu
35 essen. Keine Geschenke. Aber im Keller stand ein Schneemann."
Zwei Geschichten aus der Kindheit seiner deutschen Mutter waren es, die Markus Zusak zu diesem Roman inspiriert hatten. Zum einen ihre Erinnerung an den blutroten Himmel über dem brennenden München und zum anderen an den Jungen, der einem

durch die Straßen getriebenen Juden ein Stück Brot reichte und dafür von einem
40 Soldaten geschlagen wurde.
Diese Szene hatte Markus Zusak im Sinn, als er von Hans Hubermanns spontanem
und folgenreichen Geschenk für einen der geschundenen Juden auf dem Marsch nach
Dachau erzählt. Vielleicht aber war der Junge auch Vorbild für die Figur des mutigen
Rudi Steiner, Liesels liebsten Freund, der den schwarzen Leichtathleten Jesse Owens
45 verehrt, was ihn dazu verleitet, sich eines Nachts mit Kohle schwarz anzumalen und
auf dem Sportplatz ein einsames 100-Meter-Rennen zu laufen – ein wahrlich tollkühnes
Unterfangen in Zeiten tödlichen Rassenhasses. Auch Rudi gilt die Zuneigung des
Todes, doch ihn kann oder will er nicht retten. Liesels Überleben genügt ihm.
Die Frage erübrigt sich fast, ob jugendliche Leser mit dem sehr umfangreichen Roman
50 und seinem stellenweise sarkastischen Ton überfordert sind, da die beiden überaus
liebenswerten literarischen Figuren tiefe Betroffenheit auslösen. Die Absicht des
Romans, den Irrsinn des Krieges an den Pranger zu stellen, ist nicht zu überlesen.

Aus: Zeit online, 19.5.2008

Teste dein Wissen

Erzähltexte beschreiben und deuten

In der Einleitung zu einer Textanalyse (S. 14)
[X] nennt man Titel, Verfasser, Textsorte und eventuell das Erscheinungsjahr des
Textes.
[X] legt man das Thema bzw. die Problematik des Textes dar.
[ ] nennt man die Anzahl der Zeilen bzw. der Seiten, die der Text umfasst.
[X] gibt man einen kurzen Handlungsüberblick.

Welche Erzählformen gibt es? (S. 15)
[X] Eine Er-/Sie-Erzählung.
[ ] Eine Wir-Erzählung.
[X] Eine Ich-Erzählung.

Wird das Geschehen vom Erzähler wie von einem unsichtbaren Beobachter dargelegt und nur aus der Sicht eines Außenstehenden erzählt, spricht man von (S. 15)
[X] neutralem Erzählverhalten.
[ ] auktorialem Erzählverhalten.
[ ] personalem Erzählverhalten.

Kreuze an, in welchem Satz richtig zitiert wird. (S. 20)
[ ] Der unvermittelte Einstieg in die Erzählung „Diese Tussi!" führt den Leser gleich in
die Gedankenwelt der Ich-Erzählerin.
[ ] Der unvermittelte Einstieg in die Erzählung Diese Tussi! (Z. 1) führt den Leser
gleich in die Gedankenwelt der Ich-Erzählerin.
[X] Der unvermittelte Einstieg in die Erzählung „Diese Tussi!" (Z. 1) führt den Leser
gleich in die Gedankenwelt der Ich-Erzählerin.

Die Exposition eines Schauspiels untersuchen

Die Exposition eines Schauspiels ist (S. 25)
- [ ] der Höhepunkt der Handlung.
- [ ] der Schluss der Handlung.
- [X] die Einführung in die Handlung.

Ein Gedicht beschreiben und deuten

Bei der Gedichtzeile „Die muntern Vögel, lieberwärmt" handelt es sich um (S. 39)
- [ ] einen dreihebigen Trochäus.
- [ ] einen vierhebigen Daktylus.
- [X] einen vierhebigen Jambus.
- [ ] einen dreihebigen Anapäst.

Bei der Formulierung „der Frühling ist erwacht" handelt es sich um (S. 40)
- [ ] eine Metapher.
- [ ] ein Symbol.
- [X] eine Personifikation.
- [ ] einen Vergleich.

Zeitungsartikel analysieren

Zu den meinungsbildenden Texten in einer Zeitung gehören (S. 44)
- [ ] die Zeitungsnachricht.
- [X] der Kommentar.
- [ ] der Zeitungsbericht.
- [X] der Leserbrief.
- [ ] die Hochzeitsanzeige.
- [X] die Filmrezension.

In einer Zeitungsreportage berichtet ein Reporter (S. 47)
- [ ] sachlich, distanziert, neutral über ein Geschehen.
- [X] anschaulich aus seiner Sicht, unter Einbeziehung persönlicher Gefühle.

Werbung – Die geheime Verführung

Werbung hat das Ziel (S. 52)
- [X] den Leser/Betrachter zum Kauf eines Produktes aufzufordern.
- [ ] den Leser/Betrachter sachlich zu informieren.
- [X] den Leser/Betrachter von der Qualität eines Produkts zu überzeugen.

Eine wichtige Wortart für die Werbung ist (S. 55)
- [ ] der Artikel.
- [ ] die Präposition.
- [X] das Adjektiv.

Eine Erörterung schreiben

Ein Argument wirkt überzeugender, wenn es belegt wird mit (S. 57)

- [ ] Gerüchten, die man gehört hat.
- [X] Hinweisen auf eigene Erfahrungen.
- [X] nachweisbaren Tatsachen.
- [ ] der Berufung auf die Meinung deines besten Freundes.
- [X] der Berufung auf anerkannte Autoritäten.

Die Einleitung einer Erörterung (S. 61)

- [X] soll den Leser in das Thema einführen.
- [ ] soll schon einmal die wichtigsten Argumente vorwegnehmen.

Beim Hauptteil einer antithetischen Erörterung ist es besser (S. 58)

- [ ] wenn man bei der Pro-Argumentation mit dem stärksten Argument beginnt und dann zu den schwächeren übergeht.
- [ ] wenn man bei der Kontra-Argumentation mit dem schwächsten Argument beginnt und das stärkste zum Schluss nennt.
- [X] wenn man bei der Pro-Argumentation die Argumente steigert vom schwächsten zum stärksten.
- [X] wenn man bei der Kontra-Argumentation das stärkste Argument zuerst und das schwächste zuletzt nennt.

Wortarten

Die Begriffe „heute" und „dort" sind (S. 67)

- [X] Adverbien.
- [ ] Adjektive.
- [ ] Präpositionen.

Der Modus

Der Konjunktiv II stellt eine Aussage dar als (S. 70)

- [ ] tatsächlich.
- [X] gewünscht.
- [X] vorgestellt.
- [ ] äußerst wahrscheinlich.
- [X] nicht wirklich.

Welche Aussagen sind grammatisch richtig formuliert? (S. 71)

- [ ] Wärest du ein Zauberer, dann gebe es nur Sonnenschein.
- [X] Wärest du ein Zauberer, dann gäbe es nur Sonnenschein.
- [X] Würdest du ein Zauberer sein, gäbe es nur Sonnenschein.

Er sagte: „Wir kommen erst am Nachmittag."
Welche Umformung in indirekte Rede ist korrekt? (S. 75 ff.)

- [ ] Er sagte, sie kommen erst am Nachmittag.
- [X] Er sagte, sie kämen erst am Nachmittag.
- [X] Er sagte, sie würden erst am Nachmittag kommen.

Genus verbi

In welcher Aussage liegt ein täterloses Passiv vor? (S. 78)
[X] Der Panamakanal wurde 1914 fertiggestellt.
[ ] Die beliebte Wasserstraße wird von vielen Schiffen passiert.
[X] Die Arbeiten wurden eingestellt.

Adverbialsätze

Sie übten fast täglich, weil sie die Meisterschaft gewinnen wollten.
In dieser Aussage ist der Glied-/Nebensatz ein (S. 89)
[ ] Temporalsatz.
[X] Kausalsatz.
[ ] Finalsatz.
[ ] Konditionalsatz.

Komplexe Satzgefüge

„Weil ich glaube, dass es regnen wird, nehme ich mir einen Regenschirm mit."
Welche grafische Darstellung passt zu diesem Satzgefüge? (S. 92)

[X]

Hauptsatz

Nebensatz 1. Ordnung

Nebensatz 2. Ordnung

[ ]

Hauptsatz

Nebensatz 1. Ordnung

Nebensatz 2. Ordnung

Groß- und Kleinschreibung

Welcher Satz ist richtig geschrieben? (S. 95)
[X] Bei dem ganzen Hin und Her des Streiks war das Fahren mit der Bahn sehr unsicher.
[ ] Bei dem ganzen hin und her des Streiks war das Fahren mit der Bahn sehr unsicher.
[ ] Bei dem ganzen hin und her des Streiks war das fahren mit der Bahn sehr unsicher.

Zusammen- und Getrenntschreibung

Was ist richtig? (S. 100 f.)
[ ] Ich habe den Pokal schon einmal gewonnen, jetzt möchte ich ihn wiedergewinnen.
[X] Ich möchte dein Vertrauen wiedergewinnen.
[X] Ich habe den Pokal schon einmal gewonnen, jetzt möchte ich ihn wieder gewinnen.
[ ] Ich möchte dein Vertrauen wieder gewinnen.

Was ist richtig? (S. 100 f.)

[X] Ski laufende Menschen
[X] skilaufende Menschen
[X] Ich möchte im Winter Ski laufen.
[ ] Ich möchte im Winter skilaufen.

Kommasetzung

Kreuze an, welche Regel zutreffend ist. (S. 110)

[X] Eine Aufzählung von mehreren vollständigen Hauptsätzen kann durch ein Komma getrennt werden, wenn die Trennung durch einen Punkt als zu stark empfunden wird.

[ ] Vor Konjunktionen, die einen Gegensatz ausdrücken, wie *aber, sondern, doch, jedoch* ist es dem Schreiber freigestellt, ob er ein Komma setzen will oder nicht.

[ ] Haupt- und Glied-/Nebensatz werden nur dann durch Komma getrennt, wenn der Glied-/Nebensatz hinter dem Hauptsatz steht.

[X] Eine Infinitivgruppe muss dann durch Komma vom Hauptsatz abgetrennt werden, wenn im übergeordneten Satz mit einem Nomen/Substantiv oder anderen Wörtern (z. B. *daran, darauf, dazu, damit, es*) darauf hingewiesen wird.

P.A.U.L. D.

Persönliches Arbeits- und Lesebuch *Deutsch*

Arbeitsheft

9

Herausgegeben von:
Johannes Diekhans und Michael Fuchs

Erarbeitet von:
Markus Apel, Thomas Bartoldus,
Johannes Diekhans, Michael Fuchs,
Sandra Greiff-Lüchow, Dietrich Herrmann,
Martin Pohl, Frank Radke,
Siegfried G. Rojahn, Luzia Schünemann,
Timotheus Schwake, Martin Zurwehme

Schöningh
westermann

Die Lösungen zu den Übungen befinden sich in der separaten Beilage.

© 2015 Bildungshaus Schulbuchverlage Westermann Schroedel Diesterweg Schöningh Winklers GmbH,
Georg-Westermann-Allee 66, 38104 Braunschweig
www.westermann.de

Das Arbeitsheft ist in zwei Varianten erhältlich.

Arbeitsheft
ISBN 978-3-14-**028030**-3
Druck A^{13} / Jahr 2024

Arbeitsheft mit interaktiven Übungen
ISBN 978-3-14-**145091**-0
Druck A^1 / Jahr 2023

Alle Drucke der Serie A sind im Unterricht parallel verwendbar.

Die Seiten dieses Produkts bestehen zu 100 % aus Altpapier.

Damit tragen wir dazu bei, dass Wald geschützt wird, Ressourcen geschont werden und der Einsatz von Chemikalien reduziert wird. Die Produktion eines Klassensatzes unserer Arbeitshefte aus reinem Altpapier spart durchschnittlich 12 Kilogramm Holz und 178 Liter Wasser, sie vermeidet 7 Kilogramm Abfall und reduziert den Ausstoß von Kohlendioxid im Vergleich zu einem Klassensatz aus Frischfaserpapier. Unser Recyclingpapier ist nach den Richtlinien des Blauen Engels zertifiziert.

Illustrationen: Matthias Berghahn
Umschlaggestaltung: Nora Krull; Fotos/Collage: © moodboard/F1 online; © kazoka/Shutterstock;
© PhotoAlto/images.de
Druck und Bindung: Westermann Druck GmbH, Georg-Westermann-Allee 66, 38104 Braunschweig

Inhaltsverzeichnis

Kleines Lesetraining

Lesen und Verstehen sind nicht immer dasselbe. Vielleicht kennt ihr das: Ihr lest mehrere Seiten eines Buches und fragt euch anschließend: Was habe ich eigentlich gelesen?
Oder ihr habt einen schwierigen Text vor euch liegen und wisst nicht, wie ihr dahin gelangen könnt, ihn zu verstehen, seine Informationen aufzunehmen und zu verarbeiten.
Auf den folgenden Seiten findet ihr einige Übungen, die euch zum genauen Lesen veranlassen sollen.

1 Lies das folgende Gedicht von Erich Kästner sorgfältig und erschließe aus dem Zusammenhang, welche Wörter in die Lücken gesetzt werden müssen.
Manchmal hilft dir auch die Beachtung des Reimschemas.

Erich Kästner (1899 – 1974)
Besuch vom Lande

Sie stehen verstört am _____ _____ .

Und finden _____ zu laut.

Die Nacht glüht auf in Kilowatts.

Ein Fräulein sagt heiser: „Komm mit, mein Schatz!"

5 Und zeigt entsetzlich viel _____ .

Sie _____ vor Staunen nicht aus und nicht ein.

Sie stehen und wundern sich _____ .

Die Bahnen rasseln. Die Autos schrein.

Sie möchten am liebsten zu _____ sein.

10 Und finden Berlin zu groß.

Es klingt, als ob die Großstadt stöhnt,

weil irgendwer sie schilt.

Die Häuser funkeln. Die U-Bahn _____ .

Sie sind das alles so gar nicht gewöhnt.

15 Und finden _____ zu wild.

Sie machen vor Angst die Beine _____ .

Und machen alles _____ .

Sie lächeln bestürzt. Und sie warten dumm.

Und stehn auf dem Potsdamer Platz _____ ,

20 bis man sie überfährt.

(1930)

Carl Grossberg: Staße in Berlin, 1926

4

2 Mit welchen unterschiedlichen Adjektiven verdeutlicht der Autor, wie die Besucher vom Lande Berlin „finden"?

_____ , _____ , _____

3 Bei dem folgenden Gedicht von Erich Kästner sind einige Verse durcheinandergeraten. Versuche, die richtige Reihenfolge der Verse wiederherzustellen, und schreibe die Strophen entsprechend auf. Die letzte Strophe ist in der richtigen Form aufgeschrieben.

Erich Kästner (1899–1974)
Stiller Besuch

Und er las in einem dicken Buch. _____

Doch sie konnte nur zwei Tage bleiben. _____

Und sie müsse Ansichtskarten schreiben. _____

Jüngst war seine Mutter zu Besuch. _____

Freilich war er nicht sehr aufmerksam. _____

und den Dampfer, der vorüberschwamm. _____

Er betrachtete die Autobusse _____

und die goldnen Pavillons am Flusse _____

„Heute Abend gehen wir ins Theater. _____

Erich kriegte zwei Billetts geschenkt." _____

Seine Mutter hielt den Kopf gesenkt. _____

Und sie schrieb gerade an den Vater: _____

Und er tat, als ob er fleißig las. _____

Doch er sah die Nähe und die Ferne, _____

und die alte Frau, die drunter saß. _____

sah den Himmel und zehntausend Sterne _____

Einsam saß sie neben ihrem Sohn. _____

Leise lächelnd. Ohne es zu wissen. _____

Und der Wirtshausstuhl war wie ein Thron. _____

Stadt und Sterne wirkten wie Kulissen. _____

Wenn sie *mir* schreibt, musste er noch denken,

wird sie ihren Kopf genauso senken.

Und dann las er. Und verstand kein Wort.

Ihn ergriff das Bild. Er blickte fort.

Seine Mutter saß am Tisch und schrieb.

Ernsthaft rückte sie an ihrer Brille,

und die Feder kratzte in der Stille.

Und er dachte: Gott, hab ich sie lieb!

(1928)

4 Im folgenden Text erfährst du etwas über Kästners Verhältnis zu seiner Mutter. Einige Informationen stimmen jedoch nicht. Vergleiche den Text mit der nachfolgenden Kurzbiografie und korrigiere die Fehler, indem du sie durchstreichst und die richtigen Aussagen darüberschreibst.

Kästners Beziehung zu seiner Mutter

Erich Kästner wurde 1899 in München geboren und starb 1974 in

Dresden. Kästner hatte zu seinem Vater, der Friseur war, ein gutes

Verhältnis, die Beziehung zu seiner Mutter, einer Schneiderin,

war jedoch eine ganz besondere. Gemeinsame Unternehmungen

5 wie Theaterbesuche oder ausgedehnte Wanderungen bereits in

der Jugend schmiedeten Mutter und Sohn eng zusammen.

Mit besonderem Ehrgeiz und unter Aufbringung vieler Opfer verfolgte die Mutter ihr Ziel,

dem Sohn eine anspruchsvolle Ausbildung und den von den Eltern geschürten Berufswunsch

Schriftsteller zu ermöglichen. Daraus entwickelte sich jedoch auch ein Abhängigkeitsverhältnis

10 des Sohnes von der Mutter, unter dem dieser gelitten hat, weil er eine besondere Verantwor-

tung verspürte, es der Mutter recht zu machen. Zu diesem Problem schrieb Kästner in seinem

1953 erschienenen Buch „Als ich ein Junge war":

„All ihre Liebe und Fantasie, ihren ganzen Fleiß, jede Minute und jeden Gedanken, ihre Existenz

setzte sie fanatisch auf eine Karte, auf mich. Ihr Einsatz hieß: Ihr Leben mit Haut und Haar!"

Heinrich Pleticha (1924–2010)
Erich Kästner – Eine Kurzbiografie

23.2.1899 in Dresden geboren
29.7.1974 in München gestorben

„Als ich ein kleiner Junge war" nannte Kästner seine 1957 erschienenen Kindheitserinnerungen. Sie gehören zu den reizvollsten und
lesenswertesten modernen Autobiografien, weil sie ebenso liebens-
würdig wie für jedes Alter fassbar eine Brücke von der Vergangenheit
5 zur Gegenwart schlagen und das Leben des kleinen Kästner vor dem
Hintergrund der Zeit lebendig werden lassen.
Er stammte aus Dresden, dort besuchte er die Volksschule, später
dann das Lehrerseminar, denn nach dem Willen der Eltern, eines
Sattlermeisters und einer Friseuse, sollte er einmal ein angesehener
10 Lehrer werden. Kurz vor Ende des Ersten Weltkrieges wurde er noch
eingezogen und konnte dann erst nach Kriegsende sein Abitur
ablegen. Ein Stipendium erlaubte ihm den Besuch der Universität
Leipzig und das Studium der Germanistik, das er 1925 mit dem
Doktortitel abschloss. Zwei Jahre später übersiedelte er nach Berlin,
15 wo er sich seinen Lebensunterhalt als freier Journalist verdiente. Die
Stadt nahm ihn gefangen, und sie wurde auch zum Hintergrund
seines ersten Kinderromans „Emil und die Detektive", der gleich bei
seinem Erscheinen 1929 einen verdienten, viel beachteten Erfolg
erzielte und schon wenig später erstmals verfilmt und als Bühnen-
20 stück überarbeitet wurde. Kästner gehörte damit zu jenen, damals
noch sehr seltenen Erzählern, die eine realistische Kinderwelt
schilderten. Dann folgten rasch hintereinander mehrere Kinderbü-
cher („Das fliegende Klassenzimmer", „Der 35. Mai" und „Pünktchen
und Anton"), Romane für Erwachsene (z. B. „Fabian") und Texte für
25 Kabaretts („Gesang zwischen den Stühlen") u. Ä.
Seine offene, kritische Art, in der er sich für Frieden und Demokratie
einsetzte, missfiel den nationalsozialistischen Machthabern, seine
Werke wurden 1933 verbrannt, und von 1942 an erhielt er totales
Schreibverbot. In dieser Zeit arbeitete er unter einem Pseudonym als
30 Drehbuchautor.
Nach Kriegsende (1945) übersiedelte Kästner nach München, wo er
die Leitung einer Tageszeitung („Die Neue Zeit") übernahm und die
Kinderzeitschrift „Pinguin" ins Leben rief. Hier schrieb er in den
folgenden Jahren noch die erfolgreichen Jugendbücher „Das doppelte
35 Lottchen" und „Die Konferenz der Tiere", außerdem Filmdrehbücher,
Theaterstücke, Romane und Gedichte. Jetzt endlich erhielt er auch
die längst verdienten literarischen Preise.
Infolge einer Erkrankung zog er sich im letzten Lebensjahrzehnt vor
seinem Tode mehr und mehr vom öffentlichen Leben zurück. Er
40 starb 1974 in München.

5 Lies die Kurzbiografie noch einmal sorgfältig. Solltest du bestimmte Wörter nicht verstehen, schau in einem Wörterbuch nach und schreibe die Erklärungen an den Rand. Beantworte anschließend die folgenden Fragen.

a) Um welche Textart handelt es sich bei dem Buch „Als ich ein kleiner Junge war"?

_____

b) Wann legte Erich Kästner sein Abitur ab?

_____

c) Welches Fach studierte Erich Kästner in Leipzig?

_____

d) Was ist das Besondere an dem Kinderbuch „Emil und die Detektive"?

_____

e) Auf welche Weise versuchte Kästner, das während der Zeit des Nationalsozialismus gegen ihn verhängte Schreibverbot zu umgehen?

_____

f) Wie lautet der Titel der Kinderzeitschrift, die Kästner ins Leben rief?

_____

6 Markiere im Text alle dort genannten Daten und schreibe stichwortartig die entsprechenden Ereignisse an den Rand. Einige Daten werden nicht ausdrücklich genannt, du kannst sie aber aus dem Text erschließen. Lege anschließend eine Tabelle an und trage die Daten und Ereignisse chronologisch entsprechend ein.

Daten	Ereignisse
1899	Geburt in Dresden
...	...

Das Wort „Text" kommt von dem lateinischen Wort „texere", was so viel wie „weben", „flechten" bedeutet. Im übertragenen Sinn ist ein Text also etwas „Gewebtes", „Geflochtenes". Wenn du den **Aufbau eines Textes** beschreibst, geht es somit auch darum, sein „Webmuster" zu kennzeichnen. Textabschnitte sind in der Regel nicht lose aneinandergereiht, sondern auf bestimmte Weise miteinander verflochten. Manchmal gibt es bestimmte Signalwörter oder andere auffällige Formulierungen, die dir verdeutlichen, wie Textabschnitte miteinander verbunden sind.

7 Die folgenden Textabschnitte sind nicht in der richtigen Reihenfolge abgedruckt. Versuche, diese Reihenfolge wiederherzustellen. Begründe, warum du den jeweiligen Textabschnitt an die entsprechende Stelle gesetzt hast, indem du die Aussagen im Anschluss an die Textabschnitte vervollständigst.

Johannes Diekhans (nach Christiane Collange)
Eure Sprache ist eine Katastrophe

A   Ich fasse zusammen: Wenn ich versuche, eure kulturellen Kenntnisse und Fähigkeiten mit meinen zu vergleichen, kommen mir erhebliche Zweifel. Zweifel am Fortbestand unserer Sprache, Musik und Literatur: also
5 unserer Kultur.

B   Aber auch euer mündlicher Sprachgebrauch ist eine Katastrophe! Eure Alltagssprache ist eine einzige Folge von Sprachhülsen, Kurzformeln und verhunzten Wörtern. „Echt geil", „irgendwie ätzend", „total abgedreht", offenbar
5 ermüdet euch das Sprechen derart, dass ihr die Hälfte der Wörter verschluckt, um sie nicht ganz aussprechen zu müssen. Tausende von Eltern, Lehrern und sprachbegabten Erwachsenen müssen diesen Brei täglich ertragen.

C   Es erbittert mich zum Beispiel ganz ausgesprochen, dass ihr keine zwei Zeilen schreiben könnt, ohne einen Grammatik- oder Rechtschreibfehler zu machen, oft genug beides. Eure Klassenarbeiten sind dafür Beweis
5 genug, alle Deutschlehrer können dies bestätigen. Immerhin, so sehr es mich stört, ist es vielleicht nicht ganz so schlimm. Es gibt schließlich genug Wörterbücher in den Büros, zu Hause und in den Schulen, um das Schlimmste zu vermeiden. Die meisten von euch werden
10 nicht von Berufs wegen zu schreiben haben, und unsere Sprache wimmelt von Fallen. Ich würde auch gerne über ein paar falsche veränderte Partizipien und Zeichensetzungen hinwegsehen, wenn ihr wenigstens sprechen könntet.

D   Wenn ich heute versuche, eure kulturellen Kenntnisse und Fähigkeiten mit meinen zu vergleichen, als ich so alt war wie ihr, gewinne ich den Eindruck, dass ihr auf diesem Gebiet völlig unterentwickelt seid. Das gilt vor
5 allem für eure Sprache und hier vor allem zunächst für euren schriftlichen Sprachgebrauch!

E Was ich meine, ist dies:
Warum hört bei euch das Lesen dort auf, wo ihr ein Wort
nicht mehr versteht und es aus dem Zusammenhang
erschließen müsstet?
5 Warum endet eure Bereitschaft, euch auf Theaterwelten
einzulassen, wenn Chips und Cola nicht gratis zum
Plüschsessel serviert werden?
Warum ist die Tageszeitung für euch ein Fremdwort,
wenn es nicht gerade um den Sportteil oder das Fernseh-
10 programm geht?

F Man kann die Sache jedoch auch optimistischer
betrachten: Ihr könntet euch in tadellosem Deutsch
mündlich ausdrücken, schließlich geht ihr zum Gymnasi-
um oder zur Gesamtschule, wollt vielleicht das Abitur
5 machen und ein Studium anfangen. Ihr redet nur absicht-
lich unter euch und vor uns in dieser Szenesprache, um
möglichst lange halbstark zu bleiben. Diese sprachliche
Ablehnung der Erwachsenenwelt ist bezeichnend für eure
Einstellung. Die Schule bereitet euch nicht die genügende
10 Lust, weiterzugelangen, auf Entdeckungen zu gehen, die
Welt zu verändern, eure eigenen Revolutionen zu machen,
unsere Kultur infrage zu stellen, eure Vorstellungen
durchzusetzen und unsere zu demontieren – nein, ihr
findet es bequemer, in eurem Status als Heranwachsende
15 zu verharren und euch warm einzukuscheln in eure
Jugendwelt. Eure Sprache ist dafür nur ein Beispiel. Auch
in anderen kulturellen Bereichen versagt ihr.

(2008)

• Den ersten Textteil bildet Abschnitt D, weil _____

_____

_____

• Den zweiten Textteil bildet Abschnitt _____ , weil _____

_____

_____

• Den dritten Textteil bildet Abschnitt _____ , weil _____

_____

_____

- Den vierten Textteil bildet Abschnitt _____ , weil _____

  _____

  _____

- Den fünften Textteil bildet Abschnitt _____ , weil _____

  _____

  _____

- Den sechsten Textteil bildet Abschnitt _____ , weil _____

  _____

  _____

8 Bei dem Text handelt es sich um einen argumentativen Sachtext, in dem mit unterschiedlichen Argumentationsweisen gearbeitet wird. Schreibe jeweils ein Beispiel für die folgenden Argumentationsweisen heraus. Markiere diese zunächst im Text und schreibe die jeweilige Argumentationsweise an den Rand.

- Verallgemeinerung: _____

- Berufung auf Autoritäten: _____

- Zugeständnis: _____

- Beispiel: _____

- Zusammenfassung: _____

- Rückblick auf die Vergangenheit: _____

- direkter Vorwurf: _____

9 Mit welcher Formulierung werden Thema und Absicht des Autors am besten zusammengefasst? Kreuze entsprechend an.

☐ Der Autor greift in dem Text die Jugendlichen an und wirft ihnen vor, sich zu wenig für die Belange Erwachsener zu interessieren.

☐ Der Autor kritisiert in dem Text die fehlenden kulturellen Kenntnisse Jugendlicher. Dieses versucht er vor allem anhand des Sprachverhaltens der jungen Menschen deutlich zu machen.

☐ Der Autor kritisiert in dem Text das Sprachverhalten von Jugendlichen. Er wirft ihnen auf sehr aggressive Weise vor, sowohl im mündlichen als auch im schriftlichen Sprachgebrauch äußerst nachlässig und inkompetent zu sein.

Erzähltexte beschreiben und deuten

Tanja Zimmermann
Eifersucht

Diese Tussi! Denkt wohl, sie wäre die Schönste, Juhu, die Dauerwelle wächst schon raus. Und diese Stiefelchen von ihr sind auch zu albern. Außerdem hat sie sowieso keine Ahnung. Von nix und wieder nix hat die 'ne Ahnung.

Immer, wenn sie ihn sieht, schmeißt sie die Haare zurück wie 'ne Filmdiva.

5 Das sieht doch ein Blinder, was die für 'ne Show abzieht. Ja, okay, sie kann ganz gut tanzen. Besser als ich. Zugegeben. Hat auch 'ne ganz gute Stimme, schöne Augen, aber dieses ständige Getue. Die geht einem ja schon nach fünf Minuten auf die Nerven.

Und der redet mit der ... stundenlang. Extra nicht hingucken. Nee, jetzt legt er auch noch den Arm um die. Ich will hier weg! Aber aufstehen und gehen, das könnte der so passen. Damit die
10 ihren Triumph hat.

Auf dem Klo sehe ich in den Spiegel, finde meine Augen widerlich, und auch sonst, ich könnte kotzen.

Genau, ich müsste jetzt in Ohnmacht fallen, dann wird ihm das schon leidtun, sich stunden-lang mit der zu unterhalten.

15 Als ich aus dem Klo komme, steht er da: „Sollen wir gehen?" Ich versuche es betont gleichgül-tig mit einem Wenn-du-willst, kann gar nicht sagen, wie froh ich bin. An der Tür frage ich, was denn mit Kirsten ist.

„O Gott, eine Nervtante, nee, vielen Dank!"

„Och, ich find' die ganz nett, eigentlich", murmel ich.

(1984)

12

Die Handlung und ihren Aufbau untersuchen

In einer Geschichte wird ein Handlungsablauf in mehreren Stationen erzählt. Diesen **Handlungsaufbau** muss man untersuchen, um die entscheidenden Ereignisse wie Höhe- und Wendepunkte zu erfassen. Oft besitzen Anfang und Ende eine besondere Wirkung oder stehen in einem besonderen Verhältnis zueinander.

1 Verschaffe dir einen Überblick über die Kurzgeschichte, indem du sie in drei Sinnabschnitte gliederst. Halte kurz den Inhalt der Abschnitte schriftlich fest.

Teil 1: Z. _____ – Z. _____ ; Inhalt:

_____

_____

_____

_____

Teil 2: Z. _____ – Z. _____ ; Inhalt:

_____

_____

_____

_____

Teil 3: Z. _____ – Z. _____ ; Inhalt:

_____

_____

_____

_____

2 Eine besondere Bedeutung hat der Schlusssatz der Kurzgeschichte. Kreuze an, welchen der folgenden Aussagen du zustimmen kannst. Du kannst auch mehrere Aussagen ankreuzen.

☐ **a)** Die Erzählerin erkennt ihre unbegründete Eifersucht.

☐ **b)** Die Erzählerin macht durch ihren Schlusssatz noch einmal ihre Eifersucht auf Kirsten deutlich.

☐ **c)** Die Erzählerin schämt sich für ihre Eifersucht auf Kirsten.

☐ **d)** Mit ihrem Schlusssatz gesteht die Erzählerin ihrem Freund ihre Eifersucht auf Kirsten.

☐ **e)** Die Erzählerin nimmt mit ihrem Schlusssatz ihre vorangegangenen negativen Aussagen über Kirsten zurück.

Die Einleitung einer Textanalyse verfassen

In der **Einleitung** nennt man Titel, Verfasser, Textsorte und eventuell das Erscheinungsjahr des Textes. Anschließend wird das Thema bzw. die Problematik des Textes dargelegt. Die Einleitung kann damit schließen, dass man mit wenigen zusammenfassenden Sätzen auf den Inhalt des Textes eingeht und so einen Handlungsüberblick gibt.

1 Notiere dir für einen Einleitungsteil stichwortartig die wichtigsten Angaben.

Autor: _____

Titel: _____

Textsorte: _____

Erscheinungsjahr: _____

Ort/Zeit der Handlung: _____

Inhalt/Handlungsüberblick: _____

_____

_____

_____

2 Kreuze nun an, welche Formulierung deiner Meinung nach am besten das Thema bzw. das allgemeine Problem der Kurzgeschichte wiedergibt. Du kannst auch mehrere Formulierungen ankreuzen:

☐ **a)** Die Kurzgeschichte macht deutlich, dass man seinen Freunden vertrauen soll.

☐ **b)** Die in der Kurzgeschichte behandelte Problematik ist unbegründete Eifersucht.

☐ **c)** Thematisch geht es in der Kurzgeschichte um eine typische Konkurrenzsituation zwischen zwei jugendlichen Mädchen.

☐ **d)** In der Kurzgeschichte wird problematisiert, wie Eifersucht und Neid dazu führen, dass man andere verurteilt.

☐ **e)** Im Mittelpunkt der Kurzgeschichte steht die Frage, wie man damit umgehen soll, wenn man anderen unterlegen ist.

☐ **f)** Die Kurzgeschichte behandelt das Problem, dass man einem geliebten Menschen seine Gefühle zeigen sollte.

3 Verfasse nun einen Einleitungsteil für eine Analyse der Kurzgeschichte. Schreibe ihn in dein Heft.

Die Erzähltechnik untersuchen

Vom **Autor** unterscheidet man den **Erzähler**, der dem Leser das erzählte Geschehen vermittelt. Der Erzähler kann zwei **Erzählformen** benutzen und im Hinblick auf das erzählte Geschehen unterschiedliche **Erzählperspektiven** einnehmen und verschiedene **Erzählverhalten** zeigen:

● Man unterscheidet zunächst bei der **Erzählform** zwischen der **Er-/Sie-Erzählung** (der Erzähler berichtet über andere und tritt nicht selbst als Figur auf) und der **Ich-Erzählung** (der Erzähler tritt selbst in Erscheinung und spricht von sich).

● Bei der **Erzählperspektive** unterscheidet man Innen- und Außensicht. Sieht der Erzähler in die Figuren hinein und kennt auch ihre Gedanken und Gefühle, so erzählt er aus der **Innensicht**. Oft verwendet der Autor dabei die Form des **inneren Monologs**. Erzählt er nur das, was er von außen betrachtend wahrnehmen kann, berichtet er aus der **Außensicht**.

● Weiter unterscheidet man zwischen neutralem, auktorialem (= allwissendem) und personalem **Erzählverhalten**:

  – Das Geschehen wird beim **neutralen Erzählverhalten** vom Erzähler wie von einem unsichtbaren Beobachter dargelegt. Er wird von dem Leser in der Regel nicht bemerkt und erzählt in der Außensicht.

  – Beim **auktorialen Erzählverhalten** (= allwissend) berichtet der Erzähler aus der Außensicht sowie der Innensicht. Er kennt die Zusammenhänge des Geschehens und die Gedanken und Gefühle der beteiligten Figuren. Auch überblickt er Vergangenheit, Gegenwart und Zukunft.

  – Auf die Sicht einer oder mehrerer Figuren beschränkt sich der Erzähler beim **personalen Erzählverhalten**. Er teilt ihre Wahrnehmungen, Gedanken und Gefühle und der Leser erlebt das Geschehen aus ihrer Sicht.

1 Kreuze die zutreffenden Aussagen zur Erzähltechnik der Kurzgeschichte an.

☐ **a)** An vielen Stellen wird neutral erzählt.

☐ **b)** Es handelt sich um eine Ich-Erzählung.

☐ **c)** Durch die auktoriale Erzählweise wird man über die Gedanken und Gefühle Kirstens informiert.

☐ **d)** Die Er-Erzählung besitzt ein personales Erzählverhalten.

☐ **e)** Die Kurzgeschichte ist durchgängig als innerer Monolog gestaltet.

☐ **f)** Das Erzählverhalten ist personal und beschränkt sich auf die Innensicht der Erzählerin.

☐ **g)** Der Freund der Erzählerin und Kirsten werden aus der Außensicht charakterisiert.

☐ **h)** Die Erzählerin informiert durch Rückblenden über die Hintergründe ihrer Beziehung zu Kirsten.

2 Beschreibe in einem zusammenfassenden Text die Erzähltechnik der Kurzgeschichte und ihre Wirkung.

_____

_____

_____

_____

_____

_____

_____

_____

_____

Figuren und ihre Beziehungen untersuchen

Um einen Erzähltext verstehen zu können, solltest du dir ein möglichst genaues Bild von den Charakteren der Figuren, ihren Beziehungen untereinander und ihren Entwicklungen im Laufe des Geschehens machen. Bei der **Untersuchung der Figuren und ihrer Beziehungen** kannst du dich an folgenden allgemeinen Leitfragen orientieren:

- Welche Figuren kommen vor?
- Lassen sich Haupt- und Nebenfiguren unterscheiden?
- Welche Eigenschaften haben sie?
- Wie verhalten sie sich?
- Warum verhalten sie sich so (Beweggründe/Motive/Ziele)?
- In welcher Beziehung stehen sie zueinander?
- Verändern bzw. entwickeln sich im Verlauf der Handlung Figuren und/oder ihre Beziehungen?

1 Beschreibe in Stichworten die wichtigsten Merkmale der folgenden Figurenbeziehungen:

Erzählerin – Kirsten: _____

_____

Erzählerin – Freund der Erzählerin: _____

_____

Kirsten – Freund der Erzählerin: _____

_____

2 Stelle die Beziehung der Personen in einer Grafik dar. Arbeite dazu mit Pfeilen, Symbolen und Kommentaren.

Die sprachliche Gestaltung beschreiben und untersuchen

Bei der Beschreibung und Untersuchung der **sprachlichen Gestaltung** kann man verschiedene Aspekte berücksichtigen, z. B. Wortwahl, Satzbau, Sprachbilder, Symbole, Wiederholungen, Schlüsselwörter oder -sätze, auffällige rhetorische Mittel.
Wichtig ist, dass du die einzelnen Gestaltungsmittel nicht nur beschreibst, sondern auch ihre jeweilige Bedeutung und Wirkung im Zusammenhang mit dem Erzähltext erklärst.

1 Weise an einzelnen Beispielen am Satzbau nach, dass das Geschehen in Form eines inneren Monologs wiedergegeben wird.

Z. 1: „..., Juhu, ...“ (eingeschobener Ausruf)

Z. _____

_____

_____

_____

2 In der Kurzgeschichte finden sich umgangssprachliche Elemente. Suche einige Formulierungen heraus, die das besonders verdeutlichen.

Z. 1: „Diese Tussi!“

Z. _____

_____

_____

_____

_____

3 Erläutere in wenigen Sätzen die Wirkung der Wortwahl und des Satzbaus auf den Leser.

_____

_____

_____

_____

_____

4 In Z. 2–3 finden sich zwei Wiederholungen. Gib die Wiederholungen an und erkläre ihre Wirkung.

_____

_____

_____

_____

_____

_____

_____

5 In der Kurzgeschichte finden sich zwei sprachliche Bilder (= Metaphern, Vergleiche, Personifikationen). Gib an, um welche Art von sprachlichem Bild es sich hier handelt, und deute
es. Übertrage dazu die Tabelle in dein Heft.

Textstelle	Art des sprachlichen Bildes	Deutung
Z. 4: „wie 'ne Filmdiva"		
Z. 18: „eine Nervtante"		

Den Titel untersuchen

Oft bestehen Zusammenhänge zwischen der **Überschrift** und der eigentlichen Geschichte, die
für die Deutung eines Erzähltextes wichtig sind. Deshalb solltest du bei deiner Textuntersu-
chung den Titel immer berücksichtigen.

1 Schreibe auf, wie du den Titel der Kurzgeschichte verstehst.

_____

_____

_____

_____

_____

_____

2 Schreibe auf, wie du das Verhalten der Erzählerin ihrem Freund gegenüber am Schluss der
Kurzgeschichte beurteilst. Überlege dazu, welche alternativen Handlungsmöglichkeiten die
Erzählerin gehabt hätte.

_____

_____

_____

_____

_____

Zitiertechnik

Wenn man einen literarischen Text, z. B. eine Kurzgeschichte, beschreiben und deuten will, ist es sinnvoll, mit dem Wortmaterial der Vorlage zu arbeiten und **Zitate** zu verwenden, um die Aussagen zu belegen. Der Leser kann so die Richtigkeit der Aussagen am Text nachprüfen. Für das Zitieren gibt es unterschiedliche Möglichkeiten. In jedem Fall sollte in Klammern hinter dem Zitat die Fundstelle (Seitenangabe und/oder Zeilenangabe) stehen. Umfasst das Zitat zwei Zeilen, schreibt man Z. XY f., umfasst es mehr als zwei Zeilen Z. XY ff.

Im Folgenden sind die wichtigsten Regeln zum Zitieren zusammengestellt. Die Aussagen beziehen sich auf die Erzählung „Eifersucht" von Tanja Zimmermann in diesem Arbeitsheft (siehe S. 12).

Zitierweisen und -regeln

- Zitate können durch einen Begleitsatz eingeleitet werden. Die Kennzeichnung des Zitats erfolgt dann wie bei der wörtlichen Rede durch Anführungszeichen.

  Beispiel: Die Erzählung „Eifersucht" von Tanja Zimmermann beginnt mit einem unvermittelten Einstieg: „Diese Tussi!" (Z. 1)

- Eleganter kann es oft sein, wenn Zitate in den Satzbau eingefügt werden. Der Doppelpunkt entfällt dann.

  Beispiel: Der unvermittelte Einstieg in die Erzählung „Diese Tussi!" (Z. 1) führt den Leser gleich in die Gedankenwelt der Ich-Erzählerin.

- Manchmal erfordert es der eigene Satzbau, die Endung zitierter Wörter oder auch den zitierten Satzbau zu verändern. In diesem Fall werden die Änderungen in Klammern gesetzt.

  Beispiel: Als sie in den Spiegel schaut, findet sie „[ihre] Augen widerlich". (Z. 11)

- Eine wörtliche Rede, ein Titel oder ein Zitat innerhalb eines Zitats werden durch halbe Anführungszeichen kenntlich gemacht.

  Beispiel: Die Erzählung endet damit, dass die Ich-Erzählerin nicht ganz der Wahrheit entsprechend murmelt: „‚Och, ich find' die ganz nett, eigentlich'". (Z. 19)

- Auslassungen in einem Zitat werden durch drei Punkte in eckigen Klammern angezeigt.

  Beispiel: „Ich [...] kann gar nicht sagen, wie froh ich bin." (Z. 15 f.)

- Wenn unmittelbar auf einen Textteil Bezug genommen, aber nicht wörtlich zitiert wird, verwendet man für die Quellenangabe die Abkürzung „vgl." (vergleiche).

  Beispiel: Die Ich-Erzählerin ist erleichtert, dass ihr Freund Kirsten nicht mag (vgl. Z. 16).

1 Lies den Text „Eifersucht" von Tanja Zimmermann (s. S. 12). Durch welche Textstellen können die folgenden Aussagen belegt werden? Gib jeweils an: vgl. Z. XX.

- Die Ich-Erzählerin ist neidisch auf Kirstens Fähigkeiten. _____

- Die Ich-Erzählerin ist eifersüchtig auf Kirsten. _____

- Die Ich-Erzählerin empfindet ihr Aussehen als weniger attraktiv gegenüber dem Aussehen Kirstens. _____

- Im Gegensatz zu der Annahme der Ich-Erzählerin hat ihr Freund kein Interesse an Kirsten. _____

2 Schreibe die folgenden Sätze mit den für das korrekte Zitieren notwendigen Ergänzungen (Anführungszeichen, Zeilenbeleg, vgl., Klammer) neu auf.

- Die Erzählung Eifersucht von Tanja Zimmermann wurde 1984 veröffentlicht.

- Indem er Kirsten als Nervtante bezeichnet, macht der Junge deutlich, dass er kein Interesse an Kirsten hat.

- Die Ich-Erzählerin hat das Gefühl, weniger attraktiv als Kirsten zu sein.

- Wie wenig die Ich-Erzählerin mit ihrem Aussehen zufrieden ist, zeigt sich, als sie auf dem Klo in den Spiegel schaut und ihre Augen widerlich findet.

- Mit der letzten Aussage der Ich-Erzählerin Och, ich find' die ganz nett, eigentlich macht die Ich-Erzählerin ihre Erleichterung deutlich.

- Als die Ich-Erzählerin beobachtet, wie sich ihr Freund Kirsten gegenüber verhält, wird ihre Eifersucht deutlich.

- Die Ich-Erzählerin überlegt, wie sie ihren Freund dafür bestrafen kann, dass er sich mit Kirsten unterhalten hat.

- Das Minderwertigkeitsgefühl der Ich-Erzählerin verstärkt sich, als sie zugeben muss, dass Kirsten auch 'ne ganz gute Stimme, schöne Augen hat.

- Die Augen spielen in der Erzählung eine besondere Rolle. Von Kirsten sagt die Erzählerin: Hat schöne Augen. Ihre eigenen Augen dagegen findet sie widerlich.

Eine Textanalyse verfassen

In einer **Textanalyse** geht es darum, einen Text genau zu beschreiben und zu deuten. Dabei kannst du dich an folgenden Hinweisen orientieren:

- In der **Einleitung** solltest du auf die **Textart** hinweisen und den **Titel**, **Autor** und – falls bekannt – das **Erscheinungsjahr** nennen. Dann kannst du im Überblick auf den Inhalt und das Thema des Textes eingehen.

- Danach legst du im **Hauptteil** die Ergebnisse deiner Textuntersuchungen z. B. zu den Figuren, der Erzählperspektive, der Sprache oder dem Handlungsaufbau genau dar. Dabei kannst du **linear** vorgehen, indem du den Text Sinnabschnitt für Sinnabschnitt folgend auf der Grundlage deiner vorherigen Textuntersuchungen beschreibst und deutest. Die andere Möglichkeit ist, dass du deine Analyse **aspektorientiert** darlegst. Dabei wählst du einen oder mehrere Aspekte aus und gibst an, unter welchen Aspekten du den Text untersuchen willst. Du legst für einen Aspekt jeweils dar, in welchen inhaltlichen Zusammenhängen er steht, wie er sprachlich ausgestaltet ist und wie er sich deuten lässt. Deine Deutungen solltest du bei beiden Verfahren durch **Textverweise** und **Zitate** belegen und absichern.

- Im **Schlussteil** kannst du darlegen, welche **Wirkungs- und Aussageabsichten** der Text für dich hat. Weiter kannst du darauf eingehen, was dir z. B. an einer kurzen Erzählung gefällt, nicht gefällt oder dir nachdenkenswert erscheint. Hier kannst du auch das Verhalten der Figuren und das erzählte Geschehen **werten und beurteilen**.

1 Verfasse auf der Grundlage deiner bisherigen Arbeit am Text eine vollständige Analyse der Kurzgeschichte „Eifersucht" von Tanja Zimmermann (s. S. 12). Arbeite dazu in deinem Heft und beachte die Hinweise in dem Infokasten oben.

Die Exposition (Einführung in die Handlung) eines Schauspiels untersuchen – Carl Zuckmayer: Der Hauptmann von Köpenick

„Der Hauptmann von Köpenick" ist das bekannteste Schauspiel des deutschen Schriftstellers Carl Zuckmayer. Zuckmayer wurde 1896 geboren. Nach seiner Zeit als Soldat im Ersten Weltkrieg widmete er sich ganz dem Theater. Wie viele andere Schriftsteller erhielt er in der Zeit des Nationalsozialismus Schreibverbot und musste schließlich Deutschland verlassen. Nach dem Zweiten Weltkrieg kehrte er aus den USA nach Europa zurück und lebte bis zu seinem Tod im Jahre 1977 in der Schweiz.

Die Handlung des Schauspiels in ihren Hauptzügen

Dietrich Herrmann (geb. 1939)
Der Hauptmann von Köpenick

Das Schauspiel „Der Hauptmann von Köpenick" wurde im Jahre 1931 uraufgeführt. Die Handlung geht auf eine wahre Begebenheit aus dem Jahre 1906 zurück, spielt also in der Zeit der Regierung Kaiser Wilhelms II.
Wilhelm Voigt, die Hauptfigur oder der Held des Schauspiels, der
5 wegen eher harmloser Delikte einen Großteil seines Lebens im Zuchthaus verbracht hat, spielt den ihn immer wieder schikanie-renden Behörden einen Streich, über den ganz Berlin und sogar auch der Kaiser lacht. Für sein tolldreistes Unternehmen nutzt er die blinde Verehrung für das Militär und die unterwürfige Verbeu-
10 gung vor jeder Offiziersuniform in der Gesellschaft seiner Zeit aus. Das Schauspiel ist in drei Akte zu je 7 Szenen aufgebaut. Die 1. Szene des I. Akts spielt in einem vornehmen Uniformladen. Ein Hauptmann lässt sich eine neue Uniform anpassen, und eben sie wird immer wieder im Schauspiel eine wichtige Rolle spielen.
15 Schon in der zweiten Szene kommt das Problem Wilhelm Voigts zum Vorschein: Aus dem Zuchthaus entlassen, will er wieder als Schuster in Berlin arbeiten – dazu braucht er aber eine Aufenthalts-erlaubnis. Die Polizeibehörde entscheidet aber, eine Aufenthaltsge-nehmigung bekomme er erst, wenn er eine Arbeit nachweisen
20 könne. In dieser aussichtslosen Lage fasst Voigt den Plan, in das

Der Hauptmann von Köpenick in einer Inszenierung der Komödie Winterhuder Fährhaus Hamburg, 2003

Polizeifoto des historischen Voigt

Polizeirevier einzubrechen, um sich selbst einen Pass auszustellen. Der I. Akt endet, wie er angefangen hat, nämlich wieder im Uniformladen. Der Hauptmann hat seine Uniform zurückgegeben, weil er den Dienst im Militär quittieren musste. Stattdessen erwirbt sie Dr. Obermüller, der spätere Bürger-
25 meister von Köpenick, das damals noch eine selbstständige Gemeinde in der Nähe Berlins war.

Der II. Akt führt gleich in der 1. Szene dem Zuschauer vor Augen, wie militärischer Geist und Begeisterung über die Siege in den letzten Kriegen des Reichs sogar auch im Zuchthaus herrschen; denn dort findet sich Wil-
30 helm Voigt nach dem missglückten Einbruch im Polizeibüro wieder. Hier lernt er alles über das Militär – seine Dienstränge und Abzeichen – von einem national begeisterten Zuchthausdirektor.

Nach 10 Jahren Haft muss Voigt, wieder entlassen aus dem Gefängnis, neu anfangen; aber zu seiner großen Enttäuschung hat sich in der langen Zeit
35 nichts geändert. Wieder wird über ihn entschieden: Ohne Aufenthaltsgenehmigung keine Arbeit, keine Arbeit ohne Aufenthaltsgenehmigung. Nun will Voigt es „wissen", er will sich nicht mehr einfach „fügen".

Der III. Akt beginnt wie der erste in einem Kleidergeschäft, allerdings nicht in einem vorneh-men wie im I. Akt, sondern in einem Trödlerladen. Hier findet Wilhelm Voigt die alte Haupt-
40 mannsuniform wieder, die inzwischen durch allerlei Hände gegangen ist. Er kauft sie mit allem Zubehör, legt sie an und überzeugt sich sogleich von ihrer Wirkung: Man steht stramm vor ihm. Kurzerhand nimmt er jetzt eine Wache von Gardesoldaten unter seinen Befehl, zieht mit ihr zum Rathaus von Köpenick und ruft dort im Namen des Kaisers den „Belagerungszu-stand" aus. Den Bürgermeister Obermüller erklärt er zu seinem Gefangenen. In blinder
45 Ehrerbietung gegenüber seiner Uniform verlangt niemand ernsthaft von Voigt eine schriftliche Anordnung einer höheren Dienststelle für sein Vorgehen. So beschlagnahmt er noch die Kasse, muss jetzt aber leider erfahren, dass man im Rathaus von Köpenick keine Pässe aus-stellt und so seine eigentliche Absicht zunichte wird. Dennoch führt er die einmal begonnene Aktion zuende. Den Bürgermeister und seine Gattin lässt er als Gefangene nach Berlin trans-
50 portieren und dorthin entlässt er endlich auch seine ihm gehorsamen Wachsoldaten. Er selbst verschwindet zunächst spurlos.

Schon am nächsten Tag steht das Unternehmen „Der Hauptmann von Köpenick" in allen Berliner Zeitungen und verursacht ein riesiges Gelächter nicht nur in der Hauptstadt, sondern auch im Ausland. Voigt stellt sich nach 14 Tagen der Polizeibehörde gegen das Versprechen,
55 dass man ihm einen Pass aushändige. Zum Vergnügen des Polizeidirektors und der ihn vernehmenden Beamten legt er noch einmal die Uniform an und erst bei dieser Gelegenheit sieht er sich selbst in einem Spiegel zum ersten Mal als Hauptmann. Das Schauspiel endet hier mit einem großen Gelächter Voigts und seinem Ausruf „Unmöglich".

(2008)

1 Ordne die folgenden Aussagen jeweils dem entsprechenden Akt des Schauspiels zu.

- Wilhelm Voigt kauft in einem Trödlerladen die Uniform, die sich einst der Hauptmann hat anfertigen lassen. Akt ☐

- Der arbeitslose Schuster Wilhelm Voigt plant, in ein Polizeirevier einzubrechen, um sich selbst einen neuen Pass auszustellen. Akt ☐

- Wilhelm Voigt muss erfahren, dass im Köpenicker Rathaus keine Pässe ausgestellt werden. Akt ☐

- Weil er nach seiner Haftzeit wieder keine Aufenthaltsgenehmigung und keine Arbeit bekommt, will sich Voigt nicht mehr einfach fügen. Akt ☐

- Ein Hauptmann lässt sich in einem Uniformladen eine neue Uniform anpassen. Akt ☐

- Wilhelm Voigt lässt als falscher Hauptmann den Bürgermeister von Köpenick verhaften und die Gemeindekasse beschlagnahmen. Akt ☐

- Während seiner Haftzeit lernt Wilhelm Voigt alles über militärische Dienstränge und Abzeichen. Akt ☐

2 Schreibe mit deinen Worten den Konflikt auf, in dem sich Wilhelm Voigt befindet, und seinen Plan, wie er ihn lösen will.

3 Die Handlung des Schauspiels beruht auf einer wahren Begebenheit im Jahr 1906. Im Internet findest du Informationen über das reale Leben Wilhelm Voigts und seine berühmte „Köpenickiade". Schaue nach unter http://de.wikipedia.org/wiki/Hauptmann_von_Köpenick (letzter Zugriff: 10.2.2015).

Die Bedeutung der ersten Szene für das Schauspiel untersuchen

> Die ersten Szenen eines Schauspiels bilden die **Exposition**, eine Art Einleitung in die dramatische Handlung. Sie stellt wichtige Handlungsträger vor und führt in die Situation und die Verhältnisse ein, die die Ursache des dramatischen Konflikts bilden.

Carl Zuckmayer (1896–1977)
Der Hauptmann von Köpenick

Erster Akt

Erste Szene

Personen: Adolf Wormser, sein Sohn Willy, Zuschneider Wabschke, Hauptmann von Schlettow,
5 Wilhelm Voigt

Bei geschlossenem Vorhang erschallt, von einer marschierenden Militärkapelle gespielt, der Armeemarsch Nr. 9 – mächtig anschwellend, dann allmählich mit dem Taktschritt der abziehenden Truppe verklingend.
10 *Ferne Militärmusik begleitet die ganze Szene. Inzwischen hat sich der Vorhang gehoben: Die Bühne zeigt das Innere von A. Wormsers Uniformladen in Potsdam. Im Vordergrund der Ladentisch und der Raum für die Bedienung der Kunden. Im Hintergrund die großen*
15 *gläsernen Schaufenster, durch die man die Straße und gerade noch die Queue[1] der unter Musik vorbeiziehenden Gardekompanie erblickt. Die Schaufenster sind mit einzelnen Uniformstücken, auch Helmen, Mützen, Säbeln, Lackreitstiefeln dekoriert. Komplette Offiziersuniformen stehen auf Holzpuppen ohne Kopf. In der*
20 *Mitte hinten eine Doppelglastür mit Klingel. Die Glasscheiben tragen in verkehrt zu sehenden Goldbuchstaben die Aufschrift der Firma: „A. WORMSER, KGL. PREUSS. HOFLIEFERANT". Auf dem Ladentisch Stoffballen, Uniformknöpfe, Epauletten[2], Handschuhe, Feldbin-*
25

---

[1] **die Queue:** die rückseitigen Rockschöße der Uniformen
[2] **Epauletten:** Achselstücke der Uniform

den und dergleichen. An der Wand ein Bildnis der kaiserlichen Familie und die Fotos höherer Offiziere mit Unterschrift. Auch ein gerahmtes Ehrendiplom und eine Aufnahme des Herrn Wormser in studentischer Cou-
30 *leur[1]. Eine Seitentür führt zu Wormsers Privatkontor. Zuschneider Wabschke – klein, bucklig – steht auf einem Schemel und hilft dem Hauptmann von Schlettow in seinen neuen Uniformrock.*

V. Schlettow Nee, nee, Wabschke, mit der Uni-
35 form da stimmt was nicht. Da is was nich in Ordnung. Das hab ich im Gefühl.

Wabschke Herr Hauptmann – mit det Jefühl, det is so ne Sache. Wenn ick mal in en Paar neie Buxen steige – selbst zujeschnitten, akkurat jenau uff
40 jeden Hosenknopp –, da hab ick ooch immer son komisches Jefiehl. Un denn komm ick hinter: det is gar keen Jefühl – det is nur de Neuheit.

V. Schlettow Nee, nee, Wabschke, machense mir nichts vor. Sehnsemal, ich kann mir als Haupt-
45 mann nich jeden Tach ne neue Uniform leisten. Gardeleben kost ja sowieso 'n tollen Stiefel. Aber – wenn ich mir eine leiste, denn muss nu alles tadellos in Ordnung sein, darin bin ich komisch, was? *Er lacht.*

50 Wabschke *zieht ihm die Rockschöße herunter* Det sitzt nu alles wie de eigne Haut.

V. Schlettow Sagen Sie! – *Besieht sich von allen Seiten im Spiegel* – Na ja, von vorne ist ja nischt zu wollen. Aber hinten! Hinten! Sehnse sich mal
55 die Gesäßknöppe an! Die sitzen bestimmt nich vorschriftsmäßig!

Wabschke Aber, Herr Hauptmann: ick sage Ihnen, wie anjewachsen! Man kennte meinen, Sie wären mit Jesäßkneppen uff de Welt jekommen.

60 V. Schlettow Sechsenhalb Zentimeter Abstand! Sechsenhalb Zentimeter is Vorschrift! Das da sin mindestens achte, widersprechense nicht, das hab ich im Gefühl!

Wabschke Na, Herr Hauptmann, so jenau wird's
65 Ihnen keener nachmessen.

V. Schlettow Das hab ich im Gefühl, da is nischt dran zu klimpern. Die Gesäßknöppe werden geändert, Wabschke.

Wabschke Da missten wa nu de janze Schoßfalte
70 uftrennen, und denn stimmt det wieder in de Tallje nich.

V. Schlettow Sehnse, Wabschke, bei Ihnen merkt man auf Schritt und Tritt, dass Se nich gedient haben. Wennse beim Kommiss so viel wider-
75 sprechen, denn kommense ausm Kasten gar nich raus.

Wabschke Deshalb hab ick mir ooch lieber'n Puckel jezüchtet. Finger lang und Luftklappe jeschlossen – det wär keen Sport vor meines
80 Vaters Kleensten.

V. Schlettow Das fehlt Ihnen, Wabschke, das fehlt Ihnen! Als Schneider sinse vielleicht tipptopp, aber als Mensch, da fehlt Ihnen der Schliff, der Schnick, der Benimm, die ganze bessere Hal-
85 tung!

Wabschke Na, Herr Hauptmann, ick kann ja ooch de Knochen zusammenreißen un det Kinn uff de Krawatte dricken. *Er markiert stramme Haltung.*

90 V. Schlettow *halb lachend, halb empört* Hörnse auf Wabschke, hörnse auf, das kann ich gar nich sehn!!

Wormser *kommt rasch herein. – Er ist rundlich, rosig, graublond [...]* Was is denn nu wieder los. –
95 Wabschke, lassense die Possen! Guten Tach Herr von Schlettow, ärgernse sich nicht über den Pojazz[2], er is nich normal, aber 'n besseren Zuschneider findense in ganz Deutschland nich. Wabschke, haltense 'n Rand, ich sage Ihnen
100 immer wieder, bei der nächsten Schnoddrigkeit fliegense raus. Famos sehnse aus, Herr Haupt- mann! *Schüttelt ihm die Hände* Das macht der Dienst, das macht die frische Luft, das macht des Kaisers Garde, was? Na, nu zeigense mal
105 her, lassense sich mal bewundern, wo sitzt der Schaden, wo liegt der Hund begraben, das wolln wa gleich haben – was?

V. Schlettow Ich weiß nicht, Herr Wormser, mit der Uniform ist was nich richtig. Ich hab son
110 komisches Gefühl im Genick, un die Gesäß- knöppe sitzen auch nich vorschriftsmäßig.

Wormser *ruft* Willy, brings Maßbuch. Ich werde die Sache untersuchen, Herr Hauptmann. Sie sollen sich persönlich überzeugen. Glänzend steht Ihnen der Rock! Willy, mach rasch! 'n
115 wunderschöner Stoff, was? 'n Stöffchen!! Also das Stöffchen, das kriegen von mir nur die Herren von der Garde un die kaiserlichen

---

[1] **studentische Couleur**: Farben der Studentenverbindung Herrn Wormsers zu seiner Zeit als Student

[2] **Pojazz**: Spaßmacher

Prinzen. Sehnsemal – *Er fährt mit den Fingerknö-*
cheln übers Tuch – 'n Glanz wie son frisch
gewichster Pferdepopo – was?

V. SCHLETTOW *lachend* Gottvoll, Wormser! Is ja
enorm! Pferdepopo – ! Einfälle haben Sie!

WILLY *erscheint mit dem Maßbuch. Er ist sechzehn*
Jahre alt, schmal, blass, verpickelt und ungelenk. [...]

WORMSER Zeig her, Willy, leg's hin, schlag's auf,
träum nicht, mach e bißje. Sehnse hier, Herr
von Schlettow – sehnse selbst: wie steht's da
schwarz auf weiß? Schoßknöpfe Abstand
sechseinhalb Zentimeter. Stimmt's oder hab ich
recht? Was wollense mehr.

V. SCHLETTOW Steht schon da – sitzt aber nich.
Messense nur mal nach!

Während der letzten Sätze, etwa gleichzeitig mit
dem Auftreten Willys, ist im Hintergrund auf der
Straße ein Mann erschienen – kurz stehen geblie-
ben, weitergegangen. Nun kommt er langsam
zurück, geht bis zur Ladentür, starrt in die Schei-
ben.

WORMSER Wabschke, gebense's Zentimetermaß.
Willy, halt dich grad! Ich kann nicht sehen, wie
de rumstehst. Wenn du so weitermachst,
kommste nie zum Militär. Was will denn der
Mann an der Glastür? Willy, schau mal nach. Na,
nu läuft er wieder wech. *Er misst nach* Sehnse,
Herr Hauptmann, wenn man's genau nimmt,
habense recht. Also von Ihnen möcht ich
erschossen werden. Sie treffen 'n Flohstich
mittenmang in de Mitte. Die Knöppe sitzen um
'n halben Zentimeter zu weit. [...]

(1931)

1 Verfasse je eine Rollenbiografie zu Hauptmann von Schlettow und zu dem Schneidermeister Wormser.

Bei einer **Rollenbiografie** stellt sich eine Figur in der Ich-Form vor. Zum Erstellen einer solchen
Rollenbiografie schlüpfst du in die Rolle einer bestimmten Figur und gibst schriftlich über
diese Figur Auskunft.
Für die Rollenbiografie zu Hauptmann von Schlettow sind folgende Aspekte wichtig:
Was denkt er über die Bedeutung des Militärs und die Bedeutung der Uniform?
Was denkt er über Vorschriften?
Was denkt er über Menschen, die keinen Militärdienst geleistet haben?

Für die Rollenbiografie zu Schneidermeister Wormser solltest du folgende Aspekte beachten:
Wie verhält er sich gegenüber
– seinem Kunden Hauptmann von Schlettow,
– seinem Sohn Willy?

Dietrich Herrmann (geb. 1939)
Die Wilhelminische Zeit

Als Wilhelm II. mit 29 Jahren an die Regierung kam, erklärte er seinen festen Willen, das
Deutsche Reich zu einer Weltmacht zu machen. Deutschland war mit ungeheurem Tempo
neben England die größte Industrienation geworden. Man verfügte also in Deutschland über
alle Mittel, ein schlagkräftiges Heer mit modernen Waffen aufzurüsten. Auch entstand auf
Betreiben des Kaisers eine neue Schlachtflotte, die sogar der führenden Seemacht England
gefährlich werden konnte. Die militärischen Siege in den vergangenen Jahrzehnten über
Dänemark, Österreich-Ungarn und Frankreich führten zu einem übertriebenen Stolz auf die
Stärke und Unbesiegbarkeit der deutschen Heere. Mit ihren großsprecherischen und säbelras-
selnden Reden schürten der Kaiser und die ihn unterstützenden politischen Gruppen nationa-
listische Gefühle in der Bevölkerung. Der immer wiederholte Leitspruch Wilhelms II. lautete:
„Am deutschen Wesen soll die Welt genesen". Damit stellte er alles, was „deutsch" war, der

Wilhelm II., Deutscher Kaiser und König von Preußen (Regierungszeit 1888–1918), Gemälde von Ludwig Noster, 1906

übrigen Welt als überlegenes Vorbild dar. Zu diesem „deutschen Wesen" gehörten aber vor allem militärisches Denken und militärische Haltung auch in den zivilen
15 Einrichtungen des Staats, etwa in den Ämtern und sogar auch in den Schulen. Die erste Frage, die man einem Arbeitsuchenden oder jemandem, der sich um einen bestimmten Posten in der Wirtschaft oder im Staatsdienst bewarb, stellte, lautete in der Regel: „Wo haben Sie ge-
20 dient?", d. h., der Militärdienst in diesem oder jenem Heeresteil hatte vorrangige Bedeutung vor der beruflichen Qualifikation. Der Kaiser und sein Offizierscorps zeigten sich meistens in prachtvollen Uniformen. Wer eine Offiziersuniform trug, dem öffneten sich in der Gesell-
25 schaft alle Tore. Häufige glänzende Militärparaden sollten der Bevölkerung den Eindruck der Überlegenheit des deutschen Heers über alle Armeen der Welt verschaffen. Mit dieser deutschnationalen Haltung und seiner aggressiven Außenpolitik trug der Kaiser erheblich zur Verschlech-
30 terung der politischen Beziehungen zwischen den Staaten Europas bei. Europa wurde zu einem Pulverfass und zuletzt sah sich keine Macht mehr imstande, den Frieden zu erhalten und den Ersten Weltkrieg zu verhindern.

(2008)

2 Unterstreiche in dem vorangehenden Sachtext die Sätze, die die Bedeutung des Militärs und die Bedeutung der Uniformen zu der Zeit Wilhelms II. beschreiben.

3 Verfasse mithilfe der Informationen aus dem Text eine Erläuterung dazu, wie sich Wilhelm II. auf dem Gemälde darstellen lässt.

4 Lies noch einmal die Regieanweisung vor Beginn der ersten Szene (S. 25 f.). Liste auf, wodurch dem Zuschauer schon vor Beginn des Stücks die Bedeutung des Militärs gezeigt wird.

5 Wie verstehst du den Hinweis: „Komplette Offiziersuniformen stehen auf Holzpuppen ohne Kopf" (S. 25, Z. 19 f.)? Deute die Begriffe „Holz" und „Puppen" und die Formulierung „ohne Kopf" im Zusammenhang der Aussage.

„Puppe": _____

„Holz": _____

„ohne Kopf": _____

6 In welcher Weise geht es bei dieser Requisite um eine Bewertung des Militärs?

Zweite Szene – Einführung der Hauptperson Wilhelm Voigt

Im Alter von 18 Jahren hat Wilhelm Voigt die Reichspost um 300 Mark betrogen, damit auch er einmal einem Mädchen etwas „spendieren" konnte. Dafür musste er 15 Jahre im Zuchthaus zubringen. Danach hat er im Ausland in Schuhfabriken gearbeitet. Wilhelm Voigt ist jetzt 46 Jahre alt.

Erster Akt
Zweite Szene (gekürzt)

Personen: Oberwachtmeister, Wachtmeister, Wilhelm Voigt

5 *Polizeibüro in Potsdam. Geschlossene Fenster, muffige Luft, viel Papier, Akten- und Kassenschrank. An der Wand Kaiserbild, Verordnungstafeln, Gendarmeriesäbel und Pickelhauben an den Kleiderhaken. Oberwachtmeister und Wachtmeister sitzen einander* 10 *gegenüber an Schreibtischen. Wilhelm Voigt, Hut und Paket in der Hand, steht [...] hinter einer niedrigen hölzernen Schranke [...].*

OBERWACHTMEISTER *liest in den Akten* [...] Zuletzt hattense nun wieder eine Freiheitsstrafe zu 15 verbüßen – fünfzehn Monate Gefängnis, wegen Melde- und Passvergehen, Irreführung der Behörden und versuchter Urkundenfälschung.

VOIGT Da wollt ick mir nu de Neese aus det Jesichte reißen. Aber det hat nich jegangen.

20 OBERWACHTMEISTER Was redense da?

VOIGT Ick meine, [...] sone Vorstrafe, die schleppt eener mit rum wie die Neese ins Jesicht. Als Wilhelm Voigt, da hab ick nischt zu jewinnen in de Lotterie. Nu hab ick mir jesacht: Schluss mitn 25 Wilhelm Voigt, fängste als Friedrich Müller von vorne an. Det war doch jar nich so iebel.

OBERWACHTMEISTER Blödsinn. Sie sehen ja, was dabei rausgekommen ist.

VOIGT Ick hab mir halt nich ausjekannt.

30 OBERWACHTMEISTER Also hoffentlich kennense sich jetzt aus: was'n Gesetz is, und was'n Vergehen is, und was'n Gefängnis is. Lang genug habense ja studiert.

VOIGT Jawoll, det kann ick wohl flüstern. Aber 35 deshalb brauch ick nu jetzt meine Aufenthaltserlaubnis: Ohne der bin ick ja uffjeschmissen. Ick mechte mir hier in de Schuhfabriken vor

Militärstiefel betätigen, det is neemlich meine Spezialität, de Zuchstiebeln un de langen Schefte, und ins Jefängnis da habense mir ooch 40 in de Machinenarbeet ausjebildet.

OBERWACHTMEISTER Habense sich denn schon nach Arbeit umgesehen?

VOIGT Det mach ick 'n jenzen Tach, seit ick raus bin. Ick hab mir schon 'n Paar Sohlen kaputtje- 45 loofen. Die Jefängnisleitung hat mir ja ne Empfehlung mitjegeben – *er kramt sie aus der Tasche* – aber ick komme jarnich dazu, det ick se vorzeichen kann. Iberall wollense Meldepapiere sehn, und wenn ick in son besseres Jeschäfte 50 fragen will, da glaubense, ick will betteln, da haunse mir gleich raus.

OBERWACHTMEISTER *hat kaum zugehört, ordnet die Akten ein* Also kommense mal wieder, wennse Arbeit haben. Dann können wir weitersehn. 55

VOIGT Ick bekomm ja keene Arbeit ohne de Anmeldung. Ick muss ja nu erst mal de Aufenthaltserlaubnis –

OBERWACHTMEISTER Das schlagense sich mal ausm Kopp. Einem stellungslosen Zuchthäusler 60 können wir keine Aufenthaltserlaubnis geben. Nachher denken Sie ja gar nicht mehr dran zu arbeiten und treiben sich hier rum.

VOIGT Ick muss doch arbeeten. Von wat sollt ick denn leben? 65

OBERWACHTMEISTER Das ist Ihre Sache. Sehnse zu, dass Sie 'n ordentlicher Mensch werden. Wenn einer arbeiten will, denn kriegt er auch Arbeit.

VOIGT *schüttelt den Kopf* Nee, nee, det is nu 'n Karussell, det is nu ne Kaffeemihle. Wenn ick 70 nich jemeldet bin, krieg ick keene Arbeet, und wenn ick keene Arbeit habe, da darf ick mir nich melden. Denn will ick wieder raus. Denn jebense mir 'n Pass mit 'n Grenzvisum, det ick rieber kann. 75

OBERWACHTMEISTER Dafür sind wir hier nicht zuständig [...]. Wenn Sie 'n Pass wollen, müssense sich an Ihre Heimatbehörde wenden.

VOIGT Da war' ick jrade jewesen. Aber da habense mir ja nich anjehört. Du bist bei uns abjehängt, 80 habense jesacht. Hier kenn wa dich nich mehr, seit zwanzich Jahren biste jestrichen. Jeh mal ne Ortschaft weiter, die Heimat schämt sich deiner, habense jesacht. Na ja, sach ick, ick will ja nu hier ooch keen Denkmal jesetzt kriegen, ich will 85 ja nur meine Zuständigkeit. Da habense mir rausjeflammt. Nee, nee, da jeh' ick nich mehr hin.

OBERWACHTMEISTER Na, regense sich mal nicht auf hier.

VOIGT Ick reg mir jarnich uff, ick will nur 'n Papier haben, 'n Papier, det is doch mehr wert als de janze menschliche Konstitution, det brauch ick doch neetijer als det tägliche Brot.

95 OBERWACHTMEISTER *schnallt um, setzt seinen Helm auf* Jetzt machense mal 'n Punkt.

VOIGT Nee, nee, ick reg mir jarnich uff, aber 't muss nu 'n Platz geben, wo der Mensch hingehört! Wenn ick keene Meldung kriege und nich 100 hierbleiben darf, denn will 'ck wenigstens 'n Pass haben, det ick raus kann! Ick kann ja nu mit de Füße nich in de Luft baumeln, det kann ja nur 'n Erhenkter [...].

OBERWACHTMEISTER Sie haben immer noch unkla- 105 re Vorstellungen über die Zuständigkeitsgrenzen. Für Ihre Passangelegenheiten kommen wir hier nicht infrage, merken Sie sich das, is gänzlich ausgeschlossen. Ihr Gesuch um Aufenthaltsgenehmigung gebe ich weiter, aber befürworten kann ich 's nicht, dafür ist ihr 110 Vorleben zu fragwürdig. Wir haben genug unsichere Elemente in der Stadt. Schluss jetzt.

VOIGT Da mecht ick Ihnen 'n Vorschlag machen – da mecht' ick Ihnen vorschlagen, det se mir gleich express[1] wieder in de Plötze[2] zuricktrans- 115 portieren lassen!

OBERWACHTMEISTER Raus!!! Jetzt wird er auch noch frech! Scherense sich raus!!

---

[1] **express:** mit dem Schnellzug
[2] **Plötze:** Gefängnis in Berlin

---

7 Lies die zweite Szene des ersten Aktes und sieh dir anschließend das Foto an. Es zeigt ein Standbild aus der Verfilmung des Schauspiels. Zu welcher Stelle der zweiten Szene könnte das Standfoto passen? Schreibe neben das Bild, was Wilhelm Voigt und was der Oberwachtmeister gerade sagen könnten (zitiere den Text).

8 Voigt gebraucht im Verlauf der Szene mehrmals Metaphern und Vergleiche, die seine Situation sehr anschaulich darstellen. Erläutere mit eigenen Worten, was Voigt mit diesen Bildern verdeutlichen will.

„Da wollt ick mir nu die Neese aus det Jesichte reißen." (Z. 18 f.):

_____

_____

_____

„Nee, nee, det is nu 'n Karussell, det is nu ne Kaffeemihle." (Z. 69 f.):

_____

_____

_____

„Ick kann ja nu mit de Füße nich in de Luft baumeln, det kann ja nur 'n Erhenkter."
(Z. 101 ff.):

_____

_____

_____

9 Fasse zusammen: Welchen Eindruck erhält der Zuschauer von Wilhelm Voigt in der zweiten Szene?

_____

_____

_____

_____

10 Schreibe auf, welche Fragen zur Handlung die Exposition für die Zuschauer unbeantwortet lässt.

_____

_____

_____

_____

Ein Protokoll anfertigen

Mit dem Protokoll fasst man den **Verlauf** und die **Hauptergebnisse** von Unterrichtsstunden, Gesprächen, Verhandlungen, Konferenzen, Vernehmungen usw. sachlich und übersichtlich zusammen. Den jeweiligen Teilnehmern dient es als **Gedächtnisstütze** oder **Beleg** für einen Vorgang, eine Vereinbarung usw. Außenstehende und Abwesende können sich mit seiner Hilfe möglichst schnell über das Geschehen informieren.

Enthält das Protokoll den genauen Diskussionsverlauf in allen Einzelheiten und die Ergebnisse, spricht man von einem **Verlaufsprotokoll**. Gebräuchlicher ist aber das **Ergebnisprotokoll**, das nur die wichtigsten Fakten des Verlaufs und die Hauptergebnisse wiedergibt, wie z. B. das Stundenprotokoll oder die protokollierte Diskussion.

Das Protokoll enthält am **Anfang** folgende Angaben:

- **Datum, Uhrzeit, Ort**
- **Name des Vorsitzenden/Leiters**
- **Anwesenheit/Abwesenheit von Personen** (z. B. Vereinsmitglieder, Schüler einer Klasse usw.)
- **Thema/Anlass**

Das Protokoll wird in **sachlich-distanzierter Sprache** im Tempus des **Präsens oder Präteritums** abgefasst. **Redebeiträge werden in indirekter Rede** wiedergegeben. Beschlüsse oder Anträge werden wörtlich ins Protokoll aufgenommen.

Der Protokollant gibt zu dem Geschehen **keine eigenen Kommentare** ab.

Protokoll einer Unterrichtsstunde

Protokoll der Deutschstunde vom 09.08.20..
Heinrich-Heine-Schulzentrum, 8.00 – 8.45 Uhr

Fachlehrer: Herr Wolff
Anwesende: alle Schülerinnen und Schüler der 9b
Protokollantin: Serena Z.

Die Figurenkonstellation in der 1. Szene des I. Aktes des Schauspiels „Der Hauptmann von Köpenick"

Herr Wolff überprüft zuerst die Hausaufgaben. Als Ergebnis halten wir fest: Anhand der nichtsprachlichen Elemente wie Darstellung der Handlung, Gestik, Mimik, Musik, Sprechweise, Geräusche, Licht und Requisiten wird der Hauptunterschied des Dramas gegenüber der Textart Erzählung deutlich, die nur mit sprachlichen Mitteln arbeiten kann.

Wir untersuchen dann in Partnerarbeit die Figurenkonstellationen nach dem Gesichtspunkt der Unter- und Überordnung der Personen (v. Schlettow/Wabschke;

v. Schlettow/Wormser; Wormser/Wabschke; Wormser/Willy). Dabei beachten wir die Redeanteile der Figuren und ihre Art zu sprechen (Dialekt).

In der anschließenden gemeinsamen Besprechung tragen wir folgende Beobachtungen zusammen, die wir in einem Tafelbild festhalten:
- Die größten Redeanteile hat der Hauptmann. Seine Standesüberlegenheit demonstriert er mit kurzen Anweisungen, herablassenden Belehrungen gegenüber Wabschke über die Vorzüge des Militärs und seinem gönnerhaften Ton gegenüber Wormser.
- Was die Redeanteile angeht, folgt ihm der Geschäftsinhaber Wormser. Gegenüber dem Hauptmann zeigt er sich freundlich-unterwürfig und vor allem auf sein Geschäft bedacht. Alle übrigen Personen behandelt er von oben herab.
- Wormsers Sohn Willy erhält nur strenge Anweisungen und Verhaltensvorschriften von seinem Vater und kommt in der Szene selbst nicht zu Wort.
- Wabschke ist für Wormser nur ein Untergebener, den er nicht entlassen kann, weil er ein guter Zuschneider ist.
- Uneinig ist sich die Klasse über das Verhältnis zwischen Hauptmann v. Schlettow und Wabschke. Manche sehen bei dem Zuschneider nicht nur blinde Verehrung und Gehorsam gegenüber dem Offizier, sondern auch eine gewisse Selbstständigkeit, weil er es wagt, das Militär nicht ganz ernst zu nehmen.
- Alle Personen in dieser Szene benutzen in ihrer Sprache Elemente der Umgangssprache oder des Dialekts. Es fällt uns auf, dass die Anteile des Dialekts zunehmen, je niedriger die Personen auf der Sozialleiter stehen.

Als Ergebnis der Stunde halten wir an der Tafel fest:
Die Redeanteile der Personen in dieser Szene nehmen mit ihrer geringeren sozialen Stellung ab.
Die Anteile des Dialekts in ihrer Sprache werden dagegen größer.

Beschreibt in Stichworten, wie in der Szene Komik bei der Darstellung der Figuren und des Militärs entsteht.

1 Kreuze an: Bei diesem Protokoll handelt es sich um ein

☐ Verlaufsprotokoll.   ☐ Ergebnisprotokoll.

Begründe deine Entscheidung:

_____

_____

2 Ordne die folgenden Begriffe den Abschnitten des Protokolls zu, indem du die Begriffe in den entsprechenden Kasten einträgst:

Ergebnis • Thema • Unterrichtsschritte • Hausaufgabe

33

3 Schreibe in Stichworten mögliche Vorteile auf, die du in dem Anfertigen und Sammeln von Unterrichtsprotokollen siehst für

- Schüler, die eine Stunde versäumt haben:

  _____

  _____

- die Vorbereitung auf eine Klassenarbeit:

  _____

  _____

- den Protokollanten:

  _____

  _____

- den Lehrer:

  _____

  _____

Protokoll einer Sitzung der Schülerversammlung

Sitzung der SV des Carl-Duisberg-Gymnasiums am 10.08.2015, 12.20 – 13.05 Uhr, im Forum der Schule

NILS: Als Schülersprecher eröffne ich hiermit unsere heutige Sitzung. Zuerst eine Bitte: Vergesst nicht, euch in die Anwesenheitsliste einzutragen. Dann zu unserem heutigen Thema: Ich

5 habe euch einberufen wegen eines Antrags der 9b. Danach sollten wir alles daransetzen, dass an unserer Schule endlich auch eine Cafeteria eingerichtet wird. Ich bitte zuerst die Vertreter der 9b, das Wort zu ergreifen.

10 RASHEEDA: Seit Jahren reden wir von der Einrichtung einer Cafete. Nichts ist bis jetzt geschehen. Stattdessen finden wir uns immer noch mit dem viel zu kleinen Hausmeisterkiosk ab, und der ist nur in der großen Pause geöffnet. Von dem

15 mickrigen Warenangebot ganz zu schweigen.

ANDREAS: Ich verstehe das nicht. Unsere Nachbarschule, das Mariengymnasium, hat eine florierende Cafete, mit einer Auswahl von Getränken, mit Pizza, Schnitzel und Salaten, was ihr wollt. Die ist auch noch nach der 6. Stunde auf, sodass 20 man da auch mal zu Mittag essen kann. Und wir, eine Schule mit mehr als 1000 Schülern, schaffen das nicht.

JULIAN: Die Oberstufenschüler haben ja gut lachen. Die gehen in den Pausen einfach rüber in die 25 Marienschule. Aber wir von der Sek. I dürfen ja den Schulhof in den Pausen nicht verlassen.

NILS: Da fühle ich mich als Schüler der Oberstufe angesprochen. Also, wir haben eine Umfrage gestartet. Ich kann euch sagen, auch die Sek. II 30 unterstützt voll den Plan. Fast alle von uns haben dafür votiert.

HERR TÖPFER: Als SV-Lehrer habe ich mich mal im Kollegium umgehört. Auch dort ist man der

Meinung, dass wir eine Cafete brauchen, und zwar weil wir immer mehr Nachmittagsunterricht haben. Da muss unseren Schülern die Möglichkeit gegeben werden, etwas Richtiges zu essen. Die Frage kam aber auf, wie die Cafete betrieben werden soll. Manche im Kollegium meinen durch Selbsthilfe, etwa durch Eltern und Schüler in den Freistunden.

KATHARINA: Also ich bin entschieden gegen die Selbsthilfe. Das ist immer der Anfang vom Ende. So etwas klappt nur immer für kurze Zeit. Ich schlage vor, wir beauftragen damit eine Catering-Firma; die haben voll die Ahnung von so etwas und bei mehr als 1000 Schülern schaffen wir noch mindestens 2 versicherungspflichtige Arbeitsplätze. Über diesen Punkt möchte ich eine Abstimmung! (*Beifall*)

NILS: Wenn niemand zu diesem wichtigen Detail noch was sagen will, stimmen wir ab. (*einstimmige Mehrheit für die Catering-Firma*) Nächste Frage: Wo soll die Cafete eingerichtet werden?

HERR TÖPFER: Da gab es vor Kurzem mal ein Gespräch mit der Schulleiterin, an dem auch Herr Klose, unser Hausmeister, und ich teilgenommen habe. Herr Klose zeigte sich in der Frage durchaus kooperativ, obwohl dabei sein Kiosk überflüssig werden könnte. Er brachte uns auf die Idee, dass sich am besten das Foyer im Westflügel eignen würde. Dort gibt es keine Klassen, die gestört werden könnten; da ist auch genug Platz. Außerdem ist das Foyer von allen Schülern gut erreichbar.

FREDERIK: Genial. Wie steht es dort mit den Leitungen? Wasser, Strom? Wo kriegen wir Tische und Stühle her?

NILS: Rebecca, unsere stellvertretende Schülersprecherin, und ich waren bei der Schulleiterin. Sie hat sich schon mal mit dem städtischen Bauamt verständigt. Die sehen keine Schwierigleiten beim Legen der erforderlichen Anschlüsse. Was die Stühle und Tische angeht, will Frau Heidenreich mit unserem Förderverein sprechen. Ich bin der Meinung, dass wir von der SV Frau Heidenreich bitten sollten, auch die Verhandlung mit der Catering-Firma zu führen.

KATHARINA: Das ist doch logisch! Wer sonst außer der Schulleitung wäre dazu berechtigt? (*Beifall*)

NILS: Also stimmen wir ab, ob die Cafete im Westflügel eingerichtet werden soll und ob wir von der SV die Schulleitung bitten, die erforderlichen Verhandlungen zu führen. (*einstimmige Mehrheit für den Vorschlag*) Damit ist die Sitzung heute beendet. Ich glaube, wir sind ein gutes Stück mit der neuen Cafeteria weitergekommen. Ich danke euch!

---

1 An zwei Stellen stimmt die Schülerversammlung über einen Antrag ab. Es fehlt jedoch ein ausformulierter Abstimmungsantrag. Formuliere ihn. Beginne mit:

Die Schülerversammlung des Carl-Duisberg-Gymnasiums stellt den Antrag, dass

_____

_____

Die Schülerversammlung des Carl-Duisberg-Gymnasiums stellt den Antrag, dass

_____

_____

2 Der Schülersprecher Nils hat dich gebeten, ein Ergebnisprotokoll für die Sitzung zu erstellen. Schreibe das Protokoll. Hilfen dazu erhältst du aus dem Informationskasten zu Anfang des Kapitels und aus dem Unterrichtsprotokoll von Serena Z.

Ein Gedicht beschreiben und deuten

Bei der **Analyse (Untersuchung) eines Gedichts** geht es darum, herauszufinden, wie Inhalt, Aussage und Wirkung eines Gedichts durch seine sprachliche Gestaltung verdeutlicht werden. Die Ergebnisse dieser Analyse können in einer **schriftlichen Beschreibung und Deutung** zusammengefasst werden.

So kannst du die Beschreibung und Deutung eines Gedichts aufbauen:

- In der **Einleitung** nennst du die wichtigsten **Textdaten** (Textart, Titel, Autor, Erscheinungsjahr) und bestimmst kurz das **Thema** des Gedichts (worum es geht oder was dargestellt wird).

- Im **Hauptteil** beschreibst du zunächst die **äußere Form** des Gedichts (Strophenzahl, Verseinteilung, Reimschema, Metrum) und erklärst deren Bedeutung. Danach gehst du auf den **Inhalt** ein (z. B. Situation des lyrischen Ichs, Atmosphäre, Darstellung des Themas in den einzelnen Strophen, inhaltliche Entwicklung). Dabei kannst du strophenweise vorgehen, manchmal lassen sich auch mehrere Strophen zusammenfassen. In diesem Zusammenhang solltest du unbedingt die **sprachlichen Gestaltungsmittel** (z. B. sprachliche Bilder, Wortwahl, Satzbau) nicht nur benennen, sondern auch ihre Wirkung und ihre Bedeutung für Inhalt und Aussage des Gedichts erläutern.

- Zum **Schluss** kannst du zunächst eine kurze **Zusammenfassung** der wichtigsten Ergebnisse deiner Untersuchung formulieren. Dann versuchst du, auf dieser Grundlage eine mögliche **Intention** (Aussageabsicht) des Gedichts zu bestimmen. Abschließend kannst du auch eine **persönliche Bewertung** des Gedichts vornehmen, die du dann auch begründen solltest.

Adelbert von Chamisso (1781–1838)
Frühling und Herbst

Fürwahr, der Frühling ist erwacht;

Den holden Liebling zu empfahn,

Hat sich mit frischer Blumenpracht

Die junge Erde angetan.

5 Die muntern Vögel, lieberwärmt,

Begehn im grünen Hain ihr Fest.

Ein jeder singt, ein jeder schwärmt

Und bauet emsig sich sein Nest.

Adelbert von Chamisso, Gemälde eines unbekannten Künstlers (1810er-Jahre)

Und alles lebt und liebt und singt

10 Und preist den Frühling wunderbar,

Den Frühling, der die Freude bringt;

Ich aber bleibe stumm und starr.

Dir, Erde, gönn ich deine Zier,

Euch, Sänger, gönn ich eure Lust,

15 So gönnet meine Trauer mir,

Den tiefen Schmerz in meiner Brust.

Für mich ist Herbst; der Nebelwind

Durchwühlet kalt mein falbes Laub;

Die Äste mir zerschlagen sind,

20 Und meine Krone liegt im Staub.

(1826)

1 In dem Gedicht finden sich einige Wörter, die wir heute nicht mehr so oft benutzen und deren Bedeutung vielleicht nicht ganz klar ist. Versuche, aus dem Kontext heraus die zutreffende Bedeutung zu ermitteln, und ordne die Bedeutung dem jeweiligen Begriff zu, indem du, wie in dem Beispiel, entsprechende Pfeile ziehst.

Begriff	Bedeutung
Fürwahr	kleiner Wald, Park
holden	gelb, gelblich, graugelb
empfahn	wahrhaftig, in der Tat
angetan	empfangen
Hain	geneigt, zugetan, anmutig, bezaubernd
falbes	bekleidet

2 Die Überschrift des Gedichts lautet „Frühling und Herbst". Verbinde die beiden Begriffe „Frühling" und „Herbst" mit der jeweils zutreffenden Charakterisierung durch einen Pfeil.

Zeit des Untergangs
Zeit der erwachenden Natur
Frische, grüne Farben
Gedämpfte, bunte Farben
Muntere Vogelstimmen
Vogelzug nach Süden

Frühling   **Herbst**

3 Untersuche die Atmosphäre des Gedichts. Schreibe dafür zentrale Wörter heraus, durch die die Stimmung besonders gut verdeutlicht wird. Achte dabei insbesondere auf stimmungshaltige Adjektive. Formuliere anschließend einen Satz, der die Atmosphäre möglichst treffend beschreibt.

_____

_____

_____

_____

_____

Die Atmosphäre des Gedichts ist _____

_____

4 Beschreibe kurz die Situation, in der sich das lyrische Ich befindet (Ort, Zeit, Stimmung).

Das lyrische Ich _____

_____

_____

5 Kreuze an, welche Formulierung du für zutreffend hältst, um das Thema des Gedichts zu bestimmen.

☐ In dem Gedicht „Frühling und Herbst" von Adelbert von Chamisso, das 1826 entstanden ist, vergleicht das lyrische Ich die beiden Jahreszeiten Frühling und Herbst miteinander.

☐ In dem Gedicht „Frühling und Herbst" von Adelbert von Chamisso, das 1826 entstanden ist, bedauert das lyrische Ich, dass der Frühling kommt und es sich in trüber Stimmung befindet.

☐ In dem Gedicht „Frühling und Herbst" von Adelbert von Chamisso, das 1826 entstanden ist, beschreibt das lyrische Ich die trübe Stimmung, die es empfindet, obwohl der Frühling als Jahreszeit der Lebensfreude und der Liebe gekommen ist.

6 Ergänze die folgenden Aussagen zum äußeren Aufbau des Gedichts.

Das Gedicht besteht aus _____ Strophen zu je _____ Versen , das Reimschema ist ein _____ . Nach dem _____ Vers ist ein deutlicher Einschnitt zu bemerken, der sprachlich durch die Konjunktion _____ gekennzeichnet wird.

7 Untersuche den Aufbau des Gedichts nun näher, indem du zunächst den Inhalt der einzelnen Strophen jeweils in einem Satz in eigenen Formulierungen wiedergibst.

Das Versmaß (Metrum)

Wenn man Gedichte besonders betont vorliest, merkt man, dass die einzelnen Verse oft ein bestimmtes Betonungsmuster haben. Dies liegt daran, dass innerhalb der einzelnen Verse **Hebungen** (betonte Silben) und **Senkungen** (unbetonte Silben) in einer festen Abfolge angeordnet sind. Diese regelmäßige Folge von Hebungen und Senkungen nennt man **Versmaß** oder **Metrum**.

Eine Einheit von zwei oder drei Silben, von denen eine betont ist, nennt man Takt oder **Versfuß**. Dabei unterscheidet man folgende Versfüße:

Jambus (XX́): z. B. Gedícht   **Trochäus** (X́X): z. B. Díchter

Daktylus (X́XX): z. B. Dáktylus   **Anapäst** (XXX́): z. B. Anapäst

Wenn ein Vers auf einer betonten Silbe endet, nennt man dies **männliche Kadenz**, eine unbetonte Silbe am Schluss wird als **weibliche Kadenz** bezeichnet.

Beispiel für die Bestimmung von Versen:
Nun déckt die blássen Wángen brénnend Rót
fünfhebiger Jambus mit männlicher Kadenz (XX́ XX́ XX́ XX́ XX́)

Häufig kann das Versmaß für die Deutung des Gedichts genutzt werden, z. B. wenn es besonders regelmäßig oder auffallend unregelmäßig ist oder plötzlich wechselt.

1 Versuche, das Versmaß des Gedichts zu bestimmen. Dafür kannst du zunächst von denjenigen Wörtern ausgehen, die auch bei „normalem" Sprechen, also nicht im Zusammenhang eines Gedichts, eine deutliche Betonung aufweisen. Im Deutschen werden zum Beispiel die „bedeutungstragenden" Silben gerade von Nomen/Substantiven, Verben und Adjektiven betont, unbetont bleiben hingegen die meisten Vor- und Nachsilben (z. B. be-, ent-, ver-; -ig, -lich, -ung) und vor allem Flexionsendungen (z. B. -en, -er, -es). Schreibe über die betonten Silben der folgenden Wörter Betonungszeichen.

Frühling   erwacht   holden   Liebling   empfahn   frischer

Blumenpracht   junge   Erde   angetan   muntern   Vögel

lieberwärmt   begehn   grünen   Hain   Fest   jeder

singt   schwärmt   bauet   emsig   Nest

2 Übertrage nun die Betonungszeichen in den Text des Gedichts. Untersuche dann, ob sich in einzelnen Versen schon eine regelmäßige Abfolge von betonten und unbetonten Silben erkennen lässt. In anderen Versen musst du wahrscheinlich noch weitere Betonungen einfügen, damit das Versmaß oder Metrum deutlich wird. Beginne zunächst mit der ersten Strophe und halte dann das Ergebnis fest:

Als Versmaß liegt ein _____ hebiger _____ vor.

3 Führe nun die Untersuchung des Versmaßes auch für die dritte Strophe durch. Beachte aber den letzten Vers: Wenn du das Gedicht vortragen würdest, welche Wörter bzw. Silben müssten betont werden? Welche Wörter bzw. Silben werden dem Versmaß entsprechend betont? Trage beide Varianten ein:

Betonung beim Vortrag: Betonung dem Versmaß entsprechend:

Ich aber bleibe stumm und starr.   Ich aber bleibe stumm und starr.

4 Kreuze an, welche Begründung für die Ausnahme beim Versmaß zutreffend sein könnte:

☐ Das Personalpronomen „Ich" wird besonders betont, weil damit der Gegensatz der Stimmung des lyrischen Ichs zu dem Frühlingsgefühl ausgedrückt wird.

☐ Die Ausnahme vom Versmaß macht darauf aufmerksam, dass der Inhalt besonders bedeutsam ist.

☐ Der Verfasser hat nicht auf das Versmaß geachtet.

Sprachliche Bilder untersuchen

Die Sprache eines Gedichts löst beim Leser bestimmte Vorstellungen, Gefühle und Stimmungen aus. Dies geschieht vor allem durch eine anschauliche Wortwahl und **sprachliche Bilder**, bei denen sozusagen mit Sprache „gemalt" wird. Solche sprachlichen Bilder sind

● **Vergleiche**, die mit bestimmten Vergleichswörtern (*wie, so wie, als wenn*) eingeleitet werden (z. B. „Die Nase spitz, wie eines Giebels Sparren").

● **Metaphern**, durch die ein Ausdruck dadurch eine neue Bedeutung erhält, dass man ihn aus seinem ursprünglichen Bereich in einen neuen überträgt. Oft wird die Metapher auch als verkürzter Vergleich bezeichnet, weil ein Vergleichswort (z. B. *wie*) fehlt (z. B. „das Meer der Stadt").

● **Personifikationen**, in denen Dinge, Tiere oder allgemeine Begriffe als menschliche Wesen dargestellt werden (z. B. „Autos jagen").

● **Symbole**, bei denen ein konkreter Gegenstand neben seiner offensichtlichen eigentlichen Bedeutung noch eine weitere, übertragene Bedeutung hat (z. B. die Drehorgel als Symbol des Stadtlebens, das immer unverändert und ziellos weiterläuft).

Wichtig ist, dass du die einzelnen sprachlichen Bilder nicht nur benennst, sondern möglichst auch ihre Wirkung und Bedeutung im Zusammenhang des Gedichts erklärst.

1 Suche in dem Gedicht Personifikationen und schreibe sie heraus.

V. 1: „Frühling ist erwacht"

V. 2–4: der Frühling als „Liebling" der „junge[n] Erde", die sich mit Blumen geschmückt hat

V. 5–6: _____

V. 9–10: _____

V. 11: _____

V. 13–15: _____

_____

2 Kreuze an, welche Aussagen über die Wirkung der Personifikationen zutreffend sein könnten:

☐ Der Frühling, die Erde und die Vögel haben menschenähnliche Gestalt.

☐ Es wird ein enger Zusammenhang deutlich zwischen dem lyrischen Ich und der Natur.

☐ Der Frühling, die Erde und die Vögel wirken wie menschliche Lebewesen mit menschlichen Eigenschaften und Verhaltensweisen.

☐ Die Natur wirkt insgesamt belebt und daher bedrohlich für den Menschen.

3 In der letzten Strophe stellt das lyrische Ich seinen Zustand mithilfe mehrerer Metaphern bildhaft dar. Formuliere einen kurzen Text in der Ich-Form, in dem du die Verfassung des lyrischen Ichs unmittelbar, also ohne die Verwendung sprachlicher Bilder wiedergibst.

Ich fühle mich _____

_____

_____

_____

_____

Sprachliche Gestaltungsmittel bestimmen

Sprachliches Mittel	Erklärung	Beispiel
Alliteration	mehrere Wörter beginnen mit dem gleichen Anfangsbuchstaben	„Und alle Dächer sind Glorie und Glast. Und nun erst halten die ruhlosen Glocken [...]" (Stefan Zweig, Sonnenaufgang in Venedig)
Anapher	mehrere Sätze oder Satzteile beginnen mit dem gleichen Wort/den gleichen Wörtern	„Bald der, bald jener" (Detlev von Liliencron, In einer großen Stadt)
Ellipse	Auslassung von Satzgliedern, die man gedanklich leicht ergänzen kann	„Verwandelt alles!" (Franz Werfel, Der rechte Weg)
Gegensatz (Antithese)	inhaltliche Gegenüberstellung von Gedanken und Begriffen	„Nun deckt die blassen Wangen brennend Rot" (Emil Nicolai, Straßenbild)
Metapher	sprachliches Bild, das durch die Übertragung eines Begriffs in einen anderen Bereich entsteht, verkürzter Vergleich	„Den Straßenstrom bin ich herabgeschwommen" (Franz Werfel, Der rechte Weg, (Traum))
Parallelismus	mehrere Sätze oder Satzteile haben einen parallelen Satzbau	„Es treibt vorüber mir im Meer der Stadt [...] Es tropft vorüber mir ins Meer des Nichts" (Detlev von Liliencron, In einer großen Stadt)
Personifikation	sprachliches Bild; Dinge, Tiere oder allgemeine Begriffe werden vermenschlicht	„[D]rängend fassen Häuser sich so dicht an [...]" (Alfred Wolfenstein, Städter)
Rhetorische Frage	Frage, auf die eigentlich keine Antwort erwartet wird; Aussage in Frageform	„Schon so spät!?" (Franz Werfel, Der rechte Weg, (Traum))
Symbol	ein konkreter Gegenstand (oder eine Handlung), der (die) neben seiner offensichtlichen eigentlichen Bedeutung noch eine übertragene, abstraktere Bedeutung hat	Die Drehorgel als Symbol des Stadtlebens, das immer unverändert und ziellos weiterläuft.
Vergleich	sprachliches Bild; Verbindung zweier Gegenstände oder Handlungen, die gemeinsame Eigenschaften haben, durch Vergleichswörter (*wie, so wie, als wenn*)	„Unsere Wände sind so dünn wie Haut" (Alfred Wolfenstein, Städter)

1 Untersuche, welche sprachlichen Gestaltungsmittel in dem Vers „Ein jeder singt, ein jeder schwärmt" (V. 7) verwendet wurden. Ergänze dafür den folgenden Satz.

In Vers 7 verwendet der Autor eine _____

_____ und einen _____ , um

damit zu verdeutlichen, dass wirklich die gesamte Natur mit all ihren einzelnen Lebewesen

den Frühling in ausgelassener Stimmung zu genießen scheint.

2 Erkläre kurz, in welchem Verhältnis das lyrische Ich des Gedichts zur es umgebenden Natur steht. Berücksichtige dabei die Ergebnisse der bisher bearbeiteten Aufgaben.

_____

_____

_____

_____

3 Kreuze an, welche der folgenden Aussagen über die Bedeutung des Gedichts deiner Ansicht nach zutreffend ist. Du kannst auch mehrere Aussagen ankreuzen.

- ☐ Das Gedicht macht deutlich, dass es sowohl fröhliche als auch traurige Tage im Leben gibt.

- ☐ Das Gedicht zeigt den engen Zusammenhang zwischen dem Menschen und der Natur.

- ☐ Das Gedicht verdeutlicht die Schönheit des Frühlings, der als Jahreszeit des Neuanfangs, der Lebensfreude und der Liebe dargestellt wird.

- ☐ Das Gedicht zeigt, welchen Einfluss die Jahreszeit auf die Stimmung der Menschen haben kann.

- ☐ Das Gedicht verdeutlicht den Kontrast zwischen der betrübten Stimmung des lyrischen Ichs und dem Frühling als Jahreszeit der Lebensfreude und der Liebe.

- ☐ Das Gedicht soll zeigen, dass es angesichts der Naturschönheiten keinen Grund zur dauerhaften Traurigkeit geben kann.

- ☐ Die trübsinnige Stimmung des lyrischen Ichs wirkt durch den Gegensatz zur es umgebenden Natur noch verstärkt auf den Leser.

- ☐ Das lyrische Ich beneidet die frühlingshafte Natur wegen ihrer ausgelassenen Heiterkeit.

Zeitungsartikel analysieren

In Zeitungen findest du sowohl informierende als auch meinungsbildende Texte. **Informierende Texte** sind vor allem die Zeitungsnachricht, der Zeitungsbericht und die Reportage. Gemeinsam ist ihnen, dass sie keine persönliche Stellungnahme des Verfassers oder der Verfasserin beinhalten. Sie sind in der Regel nach einem bestimmten Schema aufgebaut.

Zu den **meinungsbildenden Texten** gehören unter anderem der Kommentar, der Leserbrief und die Rezension von Büchern, Fernsehsendungen, Filmen oder Musikveranstaltungen. Gemeinsam ist ihnen, dass der Verfasser oder die Verfasserin deutlich erkennbar Stellung zu einem Sachverhalt nimmt.

Die Zeitungsnachricht

Eine **Nachricht** in der Zeitung ist stets nach dem gleichen Muster aufgebaut: Nach einer **Schlagzeile**, die das Interesse des Lesers wecken soll, wird zunächst der **Kern der Information** angegeben. Insgesamt werden die **W-Fragen** (Wer? Was? Wo? Wann? Wie? Warum? Welche Folgen?) beantwortet.

1 Stelle bei der folgenden Nachricht die Informationen zu den W-Fragen in einer Tabelle zusammen.

Washington/Seattle (dpa). Nach einem Unfall hat eine Amerikanerin acht Tage eingeklemmt in ihrem eingedrückten Auto
5 überlebt. Die Polizei fand die 33-Jährige vor zwei Tagen in einer Schlucht nahe Renton (US-Staat Washington), nachdem sie das Signal ihres Handys auf-
10 gefangen hatte. „Sie war sehr blass und ausgetrocknet", zitierte die „Seattle Times" einen Polizisten.

(Westfalen-Blatt, Nr. 227, 29./30.9.2007)

	Nachricht
Wer?	
Was?	
Wo?	
Wann?	
Wie?	
Warum?	
Welche Folgen?	

2 Kreuze an, welche Schlagzeile deiner Meinung nach am geeignetsten ist:

☐ Acht Tage im Wrack überlebt

☐ Amerikanerin überlebt Unfall

☐ Handy rettet Amerikanerin das Leben

☐ Polizei findet verunglückte Amerikanerin

3 Begründe deine Wahl. Gehe dabei auch darauf ein, warum du die anderen Vorschläge nicht gewählt hast.

Der Zeitungsbericht

Ein **Zeitungsbericht** enthält im Unterschied zur Nachricht weitere Informationen über **Hintergründe und Zusammenhänge des Geschehens** – allerdings ohne persönliche Wertung. In aller Regel beginnt der Bericht mit einem fett gedruckten **Vorspann**, der den Kern der Information enthält.

Sollte der Zeitungsbericht noch vor Drucklegung gekürzt werden müssen, können der letzte Absatz oder die letzten Absätze gestrichen werden.

1 Im Folgenden sind die Absätze eines Zeitungsberichts durcheinandergeraten. Schreibe unter den Text die richtige Reihenfolge der Absätze.

A Der Grund dafür sei zum einen der Personalmangel in den Ordnungsämtern, aber auch eine rechtliche Unsicherheit. Zwar sieht sich der staatliche Anbieter Oddset als einziger legaler Anbieter von Sportwetten in Deutschland. Allerdings ist nach dem 2012 in Kraft getretenen Glücksspieländerungsvertrag vorgesehen, den Markt für 20 private Sportwet-
⁵ tenanbieter zu öffnen. Weil das Lizensierungsverfahren stockt, operieren private Sportwettenanbieter nun in einer juristischen Grauzone.

B Vor allem die Sportwetten gewinnen immer mehr Anhänger. Sie finden in einer rechtlichen Grauzone statt. Die Kommunen sind offenbar nicht in der Lage, dagegen vorzugehen. Der Verbraucherschutz bleibt auf der Strecke. Der Glücksspielmarktexperte Jürgen Trümper, Geschäftsführer eines Arbeitskreises gegen Spielsucht, hat jetzt eine alarmierende wissen-
⁵ schaftliche Studie vorgelegt. Mehrere Monate waren er und weitere zehn Mitarbeiter im Auftrag des staatlichen Glücksspielanbieters Westlotto in 138 NRW-Kommunen unterwegs.

C Das illegale Glücksspiel ist offenbar noch viel weiter verbreitet als bislang bekannt. In fast allen Städten in NRW existieren in Hinterhöfen, Vereinen, Cafés und Kiosken Spielorte, in denen massenhaft gegen geltendes Recht verstoßen wird.

D In knapp der Hälfte der geprüften Spielstätten habe man „Verstöße gegen das Recht" festgestellt. Selbst Kinder hätten manchmal mit den Erwachsenen gezockt, sagte Trümper. „Das Risiko für Falschparker, ein Knöllchen zu kassieren, ist allerdings ungleich höher als das Risiko eines illegalen Spielanbieters, zur Rechenschaft gezogen zu werden", so Trüm-
5 per.

E Die „verdeckten Ermittler" besuchten inkognito 880 Spielstätten, in denen Sportwetten angeboten wurden. Was sie dort vorfanden, verschlug ihnen fast die Sprache. Verbotene Spielgeräte aus Osteuropa, Pokertische in Hinterzimmern, nicht genehmigten Alkoholausschank sowie einen völlig unzureichenden Jugendschutz habe man immer wieder ange-
5 troffen.

Reihenfolge der Absätze:

_____ _____ _____ _____ _____

2 Dem Bericht fehlt noch eine Schlagzeile. Kreuze zunächst einmal an, welche Aussage über die Schlagzeile richtig ist.

☐ In der Schlagzeile eines Zeitungsberichts soll der Verfasser seine persönliche Meinung deutlich herausstellen.

☐ In der Schlagzeile soll sachlich-nüchtern über das Wesentliche des Inhalts informiert werden.

☐ Mit der Schlagzeile soll sowohl das Wesentliche des Inhalts angedeutet als auch der Leser neugierig auf den Bericht gemacht werden.

3 Welche der folgenden Formulierungen entspricht deiner Meinung nach am ehesten der oben genannten Funktion einer Schlagzeile?

☐ Mitarbeiter des Arbeitskreises Spielsucht überprüfen Spielstätten

☐ Spielstätten in rechtlicher Grauzone

☐ Illegale Anbieter beherrschen Sportwetten-Markt

4 Begründe kurz, für welche Schlagzeile du dich entschieden hast.

5 Oft gibt es neben der Hauptschlagzeile noch eine Unterschlagzeile. Ihre Funktion besteht darin, nähere Hinweise auf den inhaltlichen Kern des Berichts zu geben. Formuliere für den Bericht eine mögliche Unterschlagzeile.

6 Das Foto zeigt den Glücksspielmarktexperten Jürgen Trümper. Verfasse eine Bildunterschrift, die zu dem Zeitungsbericht passt.

_____

_____

_____

Die Zeitungsreportage

Bei einer **Reportage** wird ein Ereignis aus der Sicht einer Reporterin oder eines Reporters geschildert. Dabei werden auch persönliche Gefühle und Eindrücke vermittelt. Insgesamt ist eine Reportage sehr anschaulich geschrieben und wird durch wörtliche Zitate der am Ereignis beteiligten Personen noch lebendiger gestaltet.

Helfen wichtiger als gewinnen
Zugunsten traumatisierter Kinder greift Steffi Graf wieder zum Schläger
Von Andreas Bellinger

Hamburg (dpa). Nach nur einem Anruf hatte Steffi Graf das spektakuläre Match der Tennis-Generationen mit der Weltranglistenersten Justine Henin aus Belgien unter Dach und Fach gebracht. Beim Schaukampf am 27. Oktober in Mannheim sammeln beide Geld für traumatisierte Kinder.

„Wenn ich in diesem Jahr achtmal zum Schläger gegriffen habe, dann ist es viel", rechnet sich Graf kaum sportliche Chancen aus. Ohnehin spielen Ehemann Andre Agassi und die Kinder Jaden Gil (5) und Jaz Eile (3) die erste Geige. Statt wochenlang auf dem Tennisplatz zu stehen, lebt das berühmte Paar nun ein fast normales Leben. „Seit unser Großer in den Kindergarten geht, sind wir noch mehr an Las Vegas gebunden", erzählt die 22-fache Grand-Slam-Siegerin, die sich quasi nebenher als Wohltäterin und Unternehmerin betätigt.

Zusammen mit ihrem Mann baut Graf Hotel- und Freizeitanlagen, und wie Agassi nutzt sie ihre Popularität für soziale Projekte: „Es ist mir ein großes Anliegen. Und ich habe immer das Gefühl, dass ich noch mehr tun könnte. Jeder kann etwas tun. Egal wo." Zugunsten ihrer Stiftung „Children for Tomorrow", die sich um durch Krieg, Gewalt und Verfolgung traumatisierte Kinder kümmert, greift Steffi Graf deshalb am 27. Oktober wieder zum Schläger.

Sie bewundert Menschen wie den früheren US-Präsidenten Bill Clinton, der die wichtigen Menschen dieser Welt zusammenbringt, um etwas zu verändern. Graf betont: „Es ist unsere Welt, zu der wir etwas beisteuern sollten."

Sie sei immer gerne in Deutschland und versuche, so oft wie möglich dort zu sein. Amerika zu verlassen, kommt für Graf aber nicht infrage: „Hier haben wir unsere Freunde, und zum Glück

47

leben meine Mutter und inzwischen auch mein
40 Bruder mit seiner Familie hier."
Dass sie bei ihrem Gastspiel in Mannheim der 13
Jahre jüngeren, derzeit besten Spielerin der Welt
ernsthaft Paroli bieten könnte, findet Steffi Graf
einen „lächerlichen Gedanken". Justine Henin
45 schwärmt von ihrer Gegnerin. „Steffi ist mein
Vorbild", sagt die 25-jährige Belgierin, die selbst
als Stifterin krebskranken Kindern hilft. Komiker
Otto Waalkes wird der Veranstaltung in Mannheim die humoristische Note verleihen, und viel-
50 leicht hat Steffi Graf auch noch eine Überraschung parat, wenn es um ein mögliches Mixed
geht. Sohnemann Jaden Gil, der einen Tag vor
dem Schaukampf Geburtstag feiert, zieht Sportar-
ten wie Baseball vor: „Er hat es nicht so mit dem
55 Tennisspielen."
Steffi Graf setzt klare Prioritäten: „Das Wichtigste
ist, etwas für Kinder zu tun, und nicht, ob ich die
spielerischen Möglichkeiten habe, mit der Nummer 1 mitzuhalten. Der Erlös wird den Kindern in

mehreren Projekten zugutekommen." Neben 60
Therapie-Einrichtungen in Afrika wird es bald
auch in Hamburg ein Behandlungszentrum für
traumatisierte Flüchtlingskinder geben.

(Westfalen-Blatt vom 29./30.9.2007)

1 Formuliere zu der Reportage eine kurze Zeitungsnachricht, die neben der Schlagzeile noch
zwei Sätze umfasst.

2 Kreuze an, welche der beiden Aussagen du für zutreffend hältst.

☐ In der Reportage geht es hauptsächlich um das Tennismatch zwischen Steffi Graf und
Justine Henin.

☐ Im Mittelpunkt der Reportage steht das soziale Engagement von Steffi Graf für
traumatisierte Kinder.

3 Schreibe in das Kästchen, ob die folgenden Aussagen zum Inhalt des Textes wahr (**W**) oder
falsch (**F**) sind. Schreibe die Zeilen auf, an denen du den Wahrheitsgehalt überprüfen
kannst.

- Steffi Graf kritisiert den früheren amerikanischen Präsidenten Bill Clinton, weil der ihrer

  Meinung nach an der Welt nichts ändern will. ☐ Zeile: _____

- Steffi Graf will Amerika nicht verlassen, weil dort ihre Freunde und ihre Familie leben.

  ☐ Zeile: _____

- Für Steffi Graf ist vor allem der Sieg gegen die Weltranglistenerste Justine Henin wichtig.

  ☐ Zeile: _____

- Steffi Graf rechnet sich gute Chancen aus, das Tennismatch gegen Justine Henin zu gewinnen.

  ☐ Zeile: _____

- Steffi Graf möchte den Erlös des Schaukampfes mehreren Therapie-Einrichtungen für traumatisierte Kinder zukommen lassen.

  ☐ Zeile: _____

4 Kreuze an, welche Aussage du für richtig hältst.

☐ In der Zeitungsreportage kritisiert der Reporter Steffi Graf, weil sie es für wichtiger hält, Kindern zu helfen, als gegen die Weltranglistenerste zu gewinnen.

☐ In der Zeitungsreportage wird das soziale Engagement Steffi Grafs für traumatisierte Kinder hervorgehoben.

5 Formuliere für das Bild von Steffi Graf eine zur Reportage passende Bildunterschrift und schreibe sie direkt unter das Bild auf S. 48.

Der Zeitungskommentar

Illegales Glücksspiel

Wildwuchs

Von Hubertus Gärtner

Privat vor Staat – das wird vor allem von Liberalen vehement eingefordert. Beim Glücksspiel führt dieses manchmal durchaus richtige Prinzip allerdings in eine falsche Richtung. Mittlerweile über-
5 schwemmen private Anbieter den Markt.
In den Städten und Gemeinden ist ein Wildwuchs entstanden, den niemand mehr kontrollieren kann. Tausende Menschen werden heute in dubiosen Spielstätten und Zockerbuden, die keiner-
10 lei Konzession haben, in die Sucht getrieben, oder sie treiben sich auf eine fatale Weise dort selbst hinein. Es gibt zu wenig Kontrollen, es fehlt in den Ordnungsämtern das Personal, um die weitverbreiteten Verstöße gegen das geltende Recht zu sanktionieren. 15
Aber es existiert insbesondere in Bezug auf die Sportwetten auch eine rechtliche Grauzone. Wie es aussieht, kann sie auch so schnell nicht abgeschafft werden. Wegen der Konzessionen für einige wenige private Anbieter sind Klagen anhängig 20 – und die dauern.
Ganz unschuldig an dieser unerquicklichen Ent-

wicklung sind auch die staatlichen Wettanbieter wie Westlotto nicht. Weil sie lange Zeit viel zu wenig für den Verbraucherschutz getan und selbst [...] fürs Glücksspiel geworben hatten, wurde ihnen das Monopol von den höchsten Richtern genommen [...]. Das „Glücksspielmonopol des Staates" – dieser Begriff klingt heute wie die Suche nach der verlorenen guten alten Zeit.

hubertus.gaertner@ihr-kommentar.de

Titelseite

(Lippische Landes-Zeitung, 1.1.2015)

1 Schreibe heraus, welche Informationen dir bereits durch den Zeitungsbericht (s. S. 45/46) bekannt sind.

_____

_____

_____

_____

_____

2 Unterstreiche mit zwei verschiedenen Farben: Sätze, in denen die persönliche Meinung des Verfassers zum Ausdruck kommt, und Sätze, die einen Tatbestand neutral wiedergeben.

3 Kreuze an, welche Aussagen richtig sind.

☐ Der Verfasser freut sich, dass es neben den staatlichen Glücksspielanbietern auch viele private gibt.

☐ Der Verfasser hält es für eine bedenkliche Entwicklung, dass private Glücksspielanbieter den Markt überschwemmen.

☐ Der Verfasser glaubt, dass sich das Problem der privaten Glücksspielanbieter schnell lösen lässt.

☐ Der Verfasser gibt den staatlichen Wettanbietern eine Mitschuld, weil sie in der Vergangenheit viel für Glücksspiele geworben haben.

4 Fasse den Inhalt des Kommentars mit eigenen Worten zusammen. Du kannst so beginnen:

In seinem Kommentar „Wildwuchs" nimmt der Verfasser, Hubertus Gärtner, Bezug auf ...
Er weist zwar darauf hin, dass Privatisierung oft sinnvoll ist, glaubt aber, dass dies bei ...

Die Filmrezension

Ratatouille
Eine Ratte mit Geschmack
Von Susanne Sitzler

Remy hat ein feines Näschen – wirklich zu fein, um im Abfall zu wühlen! Und während sich seine Artgenossen durch Müllberge fressen, träumt er vom perfekten Bissen, von duftenden Kräutern und den Gourmet-Tempeln in Paris. Zufall – und der Geist eines kürzlich verstorbenen Meisterkochs – führen ihn schließlich in das Paradies des Geschmacks: in die Küche des „Gusteau's", eines der besten Restaurants der Stadt.

Gerade rechtzeitig, will man meinen. Denn der missmutige Küchenchef Skinner hat den ungeschickten Küchenjungen Linguini schon längst auf dem Kieker. Würde Remy nicht heimlich beim Suppe-Würzen zur Hand – oder besser: zur Pfote – gehen, Linguini wäre seinen Posten los. Nun aber wird die Suppe zum Renner, jeder will sie kosten und Linguini und Remy werden ein Team ...

Der inzwischen achte Film der Animationsschmiede *Pixar* hat sich Frankreichs Welt der Spitzenköche als Schauplatz ausgedacht – nach der Unterwasserwelt in „Findet Nemo" (2003) oder dem Superhelden-Universum in „Die Unglaublichen" (2004). Technisch könnte man es mal wieder nicht besser machen. Besonders das animierte Paris – bei Tag und Nacht – ist zauberhaft. Brad Bird hat das Ganze mit Komik, Schwung und Liebe fürs Detail in Szene gesetzt. Und trotzdem: So richtig in Fahrt kommt die Geschichte nicht. Sie ist eben sehr vorhersehbar, auch wenn es für Remy manchmal auf und ab geht. Besonders der morbide[1] Restaurant-Kritiker Ego ist das Schauspiel aber wert. Als Appetizer[2] hat *Pixar* wieder einen Vorfilm im Programm („Lifted") – den sollte man auf keinen Fall verpassen!

---

[1] **morbide:** sehr kränklich, todkrank
[2] **Appetizer:** Appetitanreger

---

1 Kreuze an, welche der folgenden Aussagen deiner Meinung nach zutreffend sind.

☐ Die Verfasserin lobt den Film „Ratatouille" ohne jede Einschränkung.

☐ Die Verfasserin stellt ausschließlich negative Kritikpunkte zu dem Film „Ratatouille" dar.

☐ Die Verfasserin ist der Meinung, dass der Film „Ratatouille" insgesamt nicht zu empfehlen ist, obwohl er z. T. witzig gemacht ist.

☐ Die Verfasserin ist der Meinung, dass der Film „Ratatouille" durchaus sehenswert ist, auch wenn nicht alles gleich gut gelungen ist.

2 Unterstreiche in zwei verschiedenen Farben, welche Aspekte des Films die Verfasserin lobend erwähnt und welche sie kritisiert.

Werbung – Die geheime Verführung

Werbung möchte den Leser oder Betrachter zum Kauf eines Produktes auffordern. Um das gewünschte Ziel zu erreichen, werden Werbeanzeigen sehr genau geplant und auf die jeweilige Zielgruppe ausgerichtet. Die in der Werbung greifenden Mechanismen sollen im Weiteren untersucht werden.

1 Kreuze an, welche der folgenden Aussagen auf die Werbeanzeige zutreffen.

	Trifft zu	Trifft nicht zu
Die Anzeige betont den sinnlichen Genuss der Konfitüre.		
Die dominierenden Farben Schwarz-Rot-Gold sollen angeben, dass es sich um eine Konfitüre aus Deutschland handelt.		
Der Produktname wird in der Anzeige einmal erwähnt.		
Es wird keine Verbindung zwischen dem Fruchtanteil der Konfitüre und dem Produktnamen hergestellt.		
Die in die Kirsche gebettete Konfitüre vermittelt den Eindruck, die Konfitüre sei der Frucht direkt entnommen.		
Die Anzeige enthält keine Kaufaufforderung.		
Der Betrachter der Anzeige soll denken: „Wenn ich *bel Fruit* kaufe, dann gönne ich mir etwas Süßes."		
Die Nennung des Fruchtanteils ist für die Anzeige nicht zentral, wichtiger ist es, auf den geringeren Zuckeranteil hinzuweisen.		
Die goldene Schrift zur Angabe des Fruchtanteils unterstreicht die besondere Qualität dieser Konfitüre.		
Das Kaufprodukt ist dreimal auf der Anzeige zu sehen.		
Aus dem Bildteil der Anzeige ist unmittelbar erkennbar, dass Frische und Fruchtgehalt der Konfitüre hervorgehoben werden sollen.		
Die Anzeige will durch eine schockierende Bildgestaltung auf sich aufmerksam machen.		
Die Krone oberhalb des Namens der Herstellerfirma „Zentis" weist auf die Qualität hin.		
Die Werbung wendet sich besonders an Jugendliche.		

2 Sieh dir den Textteil der Werbung an und untersuche die sprachliche Gestaltung. Notiere zu den Aussagen die Sprachbesonderheiten.

Aussagen des Textes	Besonderheiten in der Sprachgestaltung
Jetzt probieren!	
Der extra-fruchtige Genuss mit vielen leckeren Fruchtstücken.	
Fürs Frühstück und pur zum Löffeln.	
Viel Frucht. Feel good.	

53

3 Kreuze an, welche Aussagen über die Funktion der Sprachgestaltung auf die Werbeanzeige auf S. 52 zutreffen.

	Trifft zu	Trifft nicht zu
Die Formulierung „jetzt probieren" ist ein Kaufappell und gilt für jeden, da er ohne Angabe des Adressaten erfolgt.		
Die Verwendung der Adjektive „extra-fruchtig" und „lecker" stellt eine objektive Beschreibung des Produkts dar.		
Die elliptische Satzgestaltung berücksichtigt den Leser, der nicht so gut Deutsch spricht.		
Die elliptische Satzgestaltung vereinfacht das Lesen der Anzeige und konzentriert sich auf das Wesentliche.		
Die alliterative Verknüpfung von „viel Frucht" und „feel good" stellt ein Sprachspiel dar, durch das eine gedankliche Verbindung gezeigt wird zwischen dem Fruchtgehalt der Konfitüre und dem Gefühl des Konsumenten.		

www.ConradGleyThieme.de

4 Prüfe deine eigene Wahrnehmung: Welcher Teil der Anzeige auf S. 54 erregt die Aufmerksamkeit des Betrachters? Wohin wandert dein Auge danach? Wie liest du die Anzeige weiter?

5 Erkläre, warum die Anzeige in dieser Weise gestaltet ist.

6 Kreuze an, welche der folgenden Aussagen auf die Werbeanzeige zutrifft.

	Trifft zu	Trifft nicht zu
In dieser Anzeige erklärt das Bild direkt das Werbeprodukt.		
Der Betrachter der Anzeige soll denken: Ich sollte mehr Fisch essen.		
Der Ausspruch „Irgendwann nimmt man nicht mehr irgendwas" will dem Betrachter die Qualität der Zeitschrift „Hörzu" nahelegen.		
Der Produktname „Hörzu" wird mehrfach in der Anzeige erwähnt, sodass er sich gut einprägt.		
Die Anzeige richtet sich vor allem an Erwachsene.		
Das beworbene Produkt, die Zeitschrift, hebt sich stark vom Rest des Bildes ab und fällt dadurch auf.		
Der Text ist notwendig, um eine Verbindung zwischen dem abgebildeten Tintenfisch und der Zeitschrift herstellen zu können.		
Es gibt einen Hinweis darauf, dass „Hörzu" die erste Programmzeitschrift in Deutschland war.		
Joachim Niehusen fordert den Leser zum Kauf der Zeitschrift „Hörzu" auf.		

7 Schreibe aus der Anzeige alle Adjektive heraus.

8 Kreuze an, welche Aussagen über die in der Anzeige gebrauchten Adjektive du für richtig hältst.

	Trifft zu	Trifft nicht zu
Die Adjektive werten das Produkt ab.		
Die Adjektive sind mit positiven Wertungen verbunden, um das Produkt aufzuwerten.		

Eine Erörterung schreiben – Sollen auch an unserer Schule die Schüler den Putzdienst übernehmen?

Argumente sammeln

Im Hauptteil einer **antithetischen Erörterung** werden zu einem strittigen Thema die Pro-Argumente für die These (= eigener Standpunkt) und die Kontra-Argumente für die Antithese (= Gegenmeinung) einander gegenübergestellt. Als Vorarbeit sollte man zunächst möglichst viele Argumente zu dem Thema nach Pro und Kontra geordnet sammeln. Aus dieser Sammlung kann man dann später die Argumente auswählen, die man in seiner Erörterung verwenden will.

Die Klasse 9a ist unzufrieden mit der Ordnung in ihrem Klassenraum. Deshalb hat sie sich mit einem Projekt einer Nachbarschule beschäftigt. Dort putzen die Schüler selbst und sind für Ordnung und Sauberkeit in den Klassenräumen, Aufenthaltsräumen und Fluren zuständig. Zu der Frage, ob ein solcher Putzdienst auch an ihrer Schule eingeführt werden sollte, haben die Schülerinnen und Schüler folgende Argumente gesammelt:

Sollen auch an unserer Schule die Schüler den Putzdienst übernehmen?	Pro-Argument	Kontra-Argument
A) Es würden weniger Tische und Stühle beschädigt werden. Die Schüler würden sich für die Einrichtung der Klassenräume verantwortlich fühlen.		
B) Unterrichtzeit würde verloren gehen.		
C) Ein solcher Putzdienst müsste gegen den Widerstand der Schülerschaft durchgesetzt werden.		
D) Dies ist eine Erziehung dazu, für sich selbst und das eigene Tun Verantwortung zu übernehmen.		
E) Die Einführung eines Putzdienstes für alle Schüler ist ungerecht gegenüber denen, die von sich aus auf Ordnung und Sauberkeit achten.		
F) Die Schüler würden sich ordentlicher verhalten und weniger Müll herumliegen lassen.		

1 Sieh dir die Sammlung von Argumenten an. Kreuze jeweils an, ob es sich um ein Argument für (= Pro-Argument) oder gegen (= Kontra-Argument) die Einführung eines Schülerputzdienstes handelt.

2 Übernimm die Argumente nach Pro und Kontra geordnet in dein Heft und ergänze diese Sammlung um möglichst viele weitere Pro- und Kontra-Argumente.

Argumente ausbauen

Deine Argumente wirken überzeugender, wenn du sie mit **Belegen und Beispielen** veranschaulichst und absicherst. Solche Belege können sein:

- eigene Erfahrungen und Erlebnisse,
- Fallbeispiele (z. B. aus den Medien oder Erlebnisse in der Schule),
- nachweisbare Tatsachen (z. B. statistische Angaben),
- allgemein anerkannte Werte und Normen (z. B. das Recht, nicht ausgeschlossen zu werden),
- Berufung auf anerkannte Autoritäten (z. B. Wissenschaftler).

Am Ende eines Arguments kannst du noch Schlussfolgerungen ziehen oder Gegenargumente aufgreifen, bevor du mit deiner Argumentation fortfährst.

1 Bestimme, um welche Art von Beleg (z. B. eigene Erfahrungen oder Fallbeispiel, s. Infokasten oben) es sich jeweils handelt. Ordne die Belege mithilfe der Großbuchstaben (A bis F) den Argumenten der Sammlung auf S. 56 zu.

	Art des Belegs	Beleg für Argument
In der Nachbarschule gibt es seit dem letzten Jahr durch Schüler übernommene Putzdienste. Seit dieser Zeit sind die Beschädigungen an Einrichtungsgegenständen deutlich zurückgegangen.	Fallbeispiel	A
In einem Interview, das ich gestern im Fernsehen gesehen habe, äußerte ein Pädagogikprofessor, es sei unbedingt notwendig, dass Schüler z. B. durch die Übernahme von Putzdiensten praktisch lernten, gemeinsam für etwas verantwortlich zu sein.		
Jeder sollte den Schaden beseitigen, den er angerichtet hat. Diejenigen, die den Dreck machen, sollten ihn deshalb auch wegmachen. Diese Schüler sollten den Putzdienst übernehmen.		
An unserer Schule fahren die Busse direkt nach Unterrichtsschluss. Der Putzdienst könnte nur während der letzten Stunde durchgeführt werden.		
Ich muss mein Zimmer seit einiger Zeit alleine in Ordnung halten. Zuerst fiel mir das schwer. Nach einigen Wochen habe ich aber gemerkt, dass ich weniger herumliegen ließ als früher und meine Sachen gleich wieder zurückstellte.		
Bei einer Umfrage in unserer Klasse waren 70 % der Schüler gegen die Einführung eines solchen Putzdienstes.		

2 Finde auch zu den von dir selbstständig gefundenen Argumenten zu der Frage: „Sollen auch an unserer Schule die Schüler den Putzdienst übernehmen?" (s. Aufgabe 2, S. 56) passende Beispiele und Belege. Halte die Ergebnisse in deinem Heft fest.

Der Aufbau einer antithetischen Erörterung

Eine **antithetische Erörterung** gliedert sich in **Einleitung, Hauptteil und Schluss**. Bei den einzelnen Teilen sollte man Folgendes beachten:

● Die **Einleitung** dient dazu, den Leser mit wenigen Sätzen mit dem Thema vertraut zu machen und in das Thema einzuführen.

● Im **Hauptteil** werden die Argumente für und gegen die zu erörternde Frage dargelegt. Eine Möglichkeit, den Hauptteil zu gestalten, besteht darin, die **Kontra- und Pro-Argumente in zwei Blöcken** darzulegen. Zuerst werden die Argumente gegen den eigenen Standpunkt (= Kontra-Argumente) dargelegt. Danach führst du die Argumente aus, die für deinen Standpunkt sprechen (= Pro-Argumente). Dabei werden die Argumente der Gegenmeinung (Antithese) vom gewichtigeren zum weniger gewichtigeren angeordnet. Bei der Argumentation für den eigenen Standpunkt (= These) gehst du genau anders herum vor: von den weniger gewichtigen Argumenten zu den gewichtigeren. Eine andere wirkungsvolle Möglichkeit, den Hauptteil aufzubauen, besteht darin, **jeweils einem Argument direkt ein Gegenargument gegenüberzustellen**. Auch hier solltest du die Argumente nach ihrer Wirksamkeit anordnen. Das überzeugendste Kontra-Argument sollte am Anfang der Argumentation widerlegt werden. Mit dem Pro-Argument, das für die Begründung des eigenen Standpunkts am wichtigsten ist, sollte die Argumentation enden.

● Der **Schluss** sollte die Form einer **zusammenfassenden abschließenden Stellungnahme** besitzen. Die Argumentation kann mit einem **Ausblick** (z. B. auf die mögliche Entwicklung des Problems) enden.

Das folgende Schaubild fasst die zwei Möglichkeiten des Aufbaus einer antithetischen Erörterung noch einmal zusammen:

Einleitung: Hinführung zum Thema

Hauptteil:
Möglichkeit 1

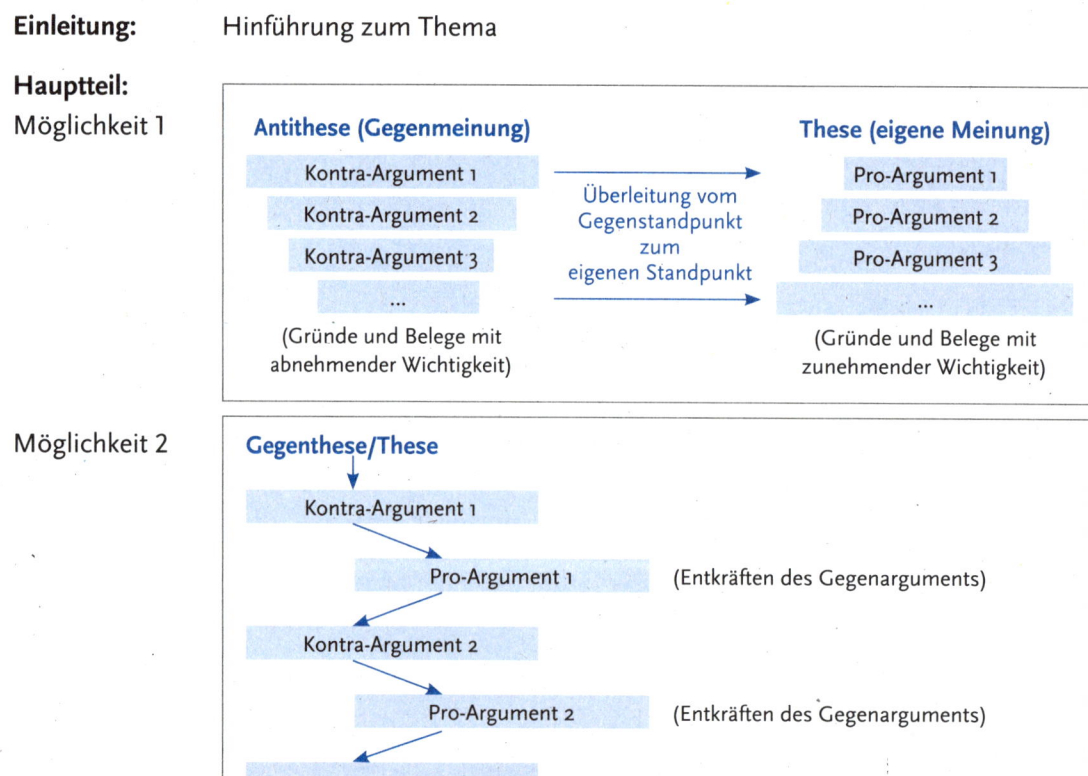

Möglichkeit 2

Schluss: zusammenfassende Stellungnahme/Ausblick

1 Sieh dir die folgende angefangene Gliederung an. Welchen Standpunkt vertritt der Verfasser? Begründe deine Meinung.

Der Verfasser ist der Meinung, dass _____

_____

_____

_____

Gliederung

Thema: Sollen auch an unserer Schule die Schüler den Putzdienst übernehmen?

1.	**Einleitung**
2.	**Hauptteil**
2.1	Antithese: Die Schüler sollen den Putzdienst nicht übernehmen.
2.1.1	Kontra-Argument 1: _____
2.1.2	Kontra-Argument 2: _____
2.1.3	Kontra-Argument 3: Durchsetzung des Putzdienstes nur gegen den Widerstand der Schüler
2.2	Überleitung
2.3	These: _____
2.3.1	Pro-Argument 1: Schüler würden ordentlicher werden, sodass weniger Müll herumläge.
2.3.2	_____
2.3.3	_____
3.	**Schluss:** Abwägung und eigene Entscheidung/Ausblick

---

2 Vervollständige die Gliederung mithilfe deiner Sammlung von Argumenten.

3 Wie müsste eine Gliederung aussehen, wenn der Verfasser die zweite Möglichkeit des Aufbaus einer antithetischen Erörterung gewählt hätte? Entwickle eine entsprechende Gliederung in deinem Heft.

4 Entscheide dich für einen Standpunkt zu der Frage: „Sollen an unserer Schule die Schüler den Putzdienst übernehmen?". Fertige mithilfe deiner Sammlung von Argumenten und Belegen (Aufgabe 2, S. 56/Aufgabe 2, S. 57) zu diesem Thema eine Gliederung für eine antithetische Erörterung in deinem Heft an. (Tipp: Achte auf das Prinzip der Steigerung bei der Anordnung der Argumente!)

Argumente verbinden und gewichten

Beim Schreiben des Hauptteils einer Erörterung ist es auch wichtig, dass du darauf achtest, die **Argumente** sinnvoll zu **verknüpfen** und den gedanklichen Zusammenhang der einzelnen Teile sprachlich zu verdeutlichen. Dabei helfen dir z. B. folgende Wörter und **Wendungen**, die

- **anreihend evtl. auch steigernd wirken**: *außerdem, ferner, darüber hinaus, überdies, schließlich, nicht zuletzt, zum Ersten/Zweiten/Dritten, zunächst, erstens, ebenso, noch wichtiger ist, vor allem, schwerer wiegt, besonders wichtig ist, dann, auch, zunächst, des Weiteren ...*
- **einen Gegensatz herstellen/unterschiedliche Meinungen hervorheben**: *aber, jedoch, indes, andererseits/auf der anderen Seite, hingegen, dagegen, allerdings, zwar/aber, trotzdem, dessen ungeachtet, einerseits/andererseits, dennoch, nicht nur/sondern auch, wenn also/dann ...*
- **begründen**: *weil, da, denn, daher, deshalb, deswegen, darum, aus diesem Grund ...*
- **Folgen angeben**: *also, folglich, demzufolge, demnach, infolgedessen ...*
- **Bedingungen angeben**: *sonst, andernfalls, wenn, falls, insofern, unter der Bedingung, dass ...*

Mit **Formulierungen** wie *tatsächlich* oder *wirklich* oder *aber besonders, umso wichtiger ist, ausschlaggebend ist, noch überzeugender ist* kannst du deine **Argumente** bekräftigen und besonders **gewichten**.

Besondere Aufmerksamkeit musst du für die **Verknüpfungen von Argumenten und Gegenargumenten** aufwenden. Häufig helfen dir – insbesondere bei der zweiten Möglichkeit des Aufbaus einer antithetischen Erörterung – die oben genannten Formulierungen zur Herstellung eines Gegensatzes. Wenn du dich für die erste Möglichkeit des Aufbaus entscheidest, musst du den **Wendepunkt**, an dem du von den Argumenten für die Antithese zu denen für die These wechselst, gut ausgestalten. An folgenden **Formulierungen** kannst du dich dabei orientieren:

- Die angeführten Argumente zeigen recht deutlich, dass ..., trotzdem gibt es gute Gründe ...
- Trotz dieser Gründe gegen ..., sind viele dennoch der Meinung, dass ... Hierfür haben sie auch gute Gründe. Zum einen führen sie an, dass ...
- Um zu einem ausgewogenen Urteil zu kommen, werde ich nun die Argumente der Gegenseite erläutern ...

1 Bei den folgenden Auszügen aus dem Hauptteil einer Erörterung fehlen verbindende und gewichtende Formulierungen. Ergänze diese, indem du die Wörter und Wendungen aus den Wortspeichern einfügst.

_____ spricht gegen die Übernahme des Putzdienstes durch die Schüler,

dass er nur gegen den Willen der Schüler eingeführt werden kann. Bei einer Umfrage in

unserer Klasse waren _____ 70 % gegen die Einführung eines solchen

Putzdienstes. _____ würde die Einführung eines solchen Putzdienstes zu

5 großem Unmut aufseiten der Schüler führen.

> tatsächlich · zum einen · demzufolge

_____ spricht gegen einen Schülerputzdienst, dass er ungerecht ist. Viele

Schüler achten von sich aus auf Ordnung und Sauberkeit. _____ ist

_____ einzusehen, warum sie zu so einem Putzdienst herangezogen

werden sollten. _____ sollten nur die Schüler den Putzdienst überneh-

10 men, die auch für Unordnung sorgen. Ein Putzdienst für alle Schüler wäre also

_____ ungerecht. Dies ist meiner Meinung nach _____

_____ .

---

insofern • des Weiteren • in keiner Weise • in der Tat • folglich • besonders ausschlaggebend

---

_____ als die vorherigen Gegenargumente ist, dass ein solcher Putzdienst

auf Kosten des Unterrichts ginge. _____ , ob man einen solchen Putz-

15 dienst für sinnvoll hält, muss man _____ sehen, dass er nur in der Unter-

richtszeit durchgeführt werden könnte. _____ die Busse fahren an unserer

Schule unmittelbar nach Unterrichtsschluss. _____ müsste die Hälfte der

letzten Stunde für den Putzdienst durch die Schüler genutzt werden. _____

das spricht gegen einen solchen Putzdienst. _____ der Putzdienst das

20 Verhalten der Schüler _____ positiv beeinflussen würde, wögen

diese Vorteile _____ den Verlust der Unterrichtszeit nicht auf.

---

denn • andererseits • noch wichtiger • infolgedessen • einerseits • vor allem • auch wenn •
dessen ungeachtet • allerdings

Die Einleitung einer Erörterung

Die **Einleitung** einer Erörterung dient dazu, den Leser mit wenigen Sätzen in das Thema
einzuführen. Sie sollte die folgende Argumentation aber nicht vorwegnehmen. Als Einleitung
in das Thema kann z. B. dienen:

- ein eigenes Erlebnis,
- eine aktuelle Diskussion aus den Nachrichten oder Medien,
- eine Begriffserklärung (z. B. „Alkoholmissbrauch" oder „Schuluniformen"),
- eine Tatsache (z. B. Umfragen oder Statistiken),
- eine beobachtbare aktuelle Tendenz (z. B. das Tragen von bauchfreier Kleidung),
- ein Zitat, eine Redewendung, ein Sprichwort o. Ä.

Probleme mit der Ordnung im Klassenraum. Wer hat die nicht? Auch in unserer Schule gibt es sie. Deshalb fordern viele Schüler, dass an unserer Schule die Schüler den Putzdienst übernehmen sollten. Dieses Problem werde ich jetzt erörtern.

 **1** Überarbeite die Einleitung inhaltlich und sprachlich.

Der Schluss einer Erörterung

 Im **Schlussteil** wägt man die Pro- und Kontra-Argumente kurz gegeneinander ab und legt seine eigene Entscheidung zum zu erörternden Problem dar. Dabei sollte die Abwägung die im Hauptteil genannten Argumente nicht wiederholen oder ergänzen, sondern die Form einer abschließenden **zusammenfassenden Stellungnahme** besitzen. Oft kann die Erörterung mit einem **Ausblick** (z. B. auf die mögliche Entwicklung des Problems) enden.

Am Ende sieht man, dass es zwar gut wäre, wenn die Schüler den Putzdienst übernehmen würden. Die Busse fahren aber direkt nach Schulschluss. Ein Schülerputzdienst lässt sich also nicht einrichten. Deshalb bin ich gegen die Einrichtung eines Schülerputzdienstes.

 **1** Überarbeite den obigen Schluss. Ergänze ihn auch um einen Ausblick.

 **2** Verfasse nun eine vollständige Erörterung zu dem Thema: „Sollen auch an unserer Schule die Schüler den Putzdienst übernehmen?".

Kreatives Schreiben – Eine Kurzgeschichte zu einem Bild verfassen

Renato Guttuso: Caffè Greco (1976)

Pierre-Auguste Renoir: Bal du Moulin de la Galette (1876)

Kurzgeschichten sind eine weitverbreitete Form der modernen Literatur. Als eigenständige Textsorte entwickelte sie sich nach dem Zweiten Weltkrieg. Zentralstes Merkmal der Gattung ist ihre **Kürze**. Kurzgeschichten zeichnen sich auch durch einen **unvermittelten Einstieg** und **offenen Schluss** aus. Ohne große Einleitung oder ein kommentierendes Ende wird ein knapper, exemplarischer Ausschnitt aus der Lebenswirklichkeit ganz normaler Menschen gezeichnet. Große Helden interessieren die Autoren der Kurzgeschichte nicht, ihnen geht es um das **Scheitern der Menschen** in Kommunikationszusammenhängen. Ein neben der **Alltäglichkeit der Thematik** wichtiges Merkmal der Kurzgeschichte ist zudem die **nüchtern-schlichte Sprache** und der Verzicht auf längere Beschreibungen.

1 Eines der drei Bilder zuvor kann dir als Schreibanlass für eine eigene Kurzgeschichte dienen. Bevor du mit dem Schreiben beginnst, solltest du jedoch einen **Schreibplan** entwerfen.

- **Ideenfindung:** Beschreibe in einem Satz die Idee deiner Kurzgeschichte. Längeres Nachdenken lohnt sich, denn Originalität ist wichtiger als Quantität!

_____

_____

_____

● Auf welche Frage antwortet deine Kurzgeschichte? Was ist das Typische am Geschehen?

_____

_____

● **Figur 1:**   ● **Figur 2:**

Name und Alter: _____   Name und Alter: _____

Geschlecht: _____   Geschlecht: _____

Äußeres: _____   Äußeres: _____

Grundstimmung: _____   Grundstimmung: _____

Sprache: _____   Sprache: _____

Wofür steht diese Figur? _____   Wofür steht diese Figur? _____

_____   _____

Problem/Ziel der Figur: _____   Problem/Ziel der Figur: _____

_____   _____

● **Thema des Dialogs:** _____

● **Grund für das Gelingen beziehungsweise das Scheitern/Misslingen der Kommunikation:**

_____

_____

● **Art der Kommunikation** (verbal oder nonverbal): _____

● **Schicksalhaftes Ereignis** (Wendepunkt): _____

_____

● **Erzählverhalten** (personales oder auktoriales Erzählen): _____

_____

● **Anfang der Geschichte** (Was weckt die Neugierde des Lesers?): _____

_____

● **Ende der Geschichte** (Bleibt der Konflikt bestehen oder löst er sich auf?):

_____

_____

Kreatives Schreiben: „L'écriture automatique"

René Magritte: Verbotene Reproduktion (1937)

Das Bild Magrittes ordnet man gemeinhin der Epoche des **Surrealismus** zu. Diese Kunstrichtung hatte ihren Höhepunkt in der ersten Hälfte des 20. Jahrhunderts. Wesentliche Ziele der Surrealisten waren die Zurückdrängung der Vernunft, der Zivilisation und des Fortschrittgedankens zugunsten der Fantasie, der Vorstellungswelt und des Unbewussten und Verdrängten (Psyche). Berühmte surrealistische Künstler wie Magritte, Dalí oder Max Ernst entwickelten für ihre Zwecke spezielle kreative Verfahren, um über spontane Assoziationen das Unbewusste und Irrationale zu aktivieren bzw. zu visualisieren. Eine bekannte Methode ist dabei das sog. **„Automatische Schreiben"**, welches du zu dem Bild von René Magritte einmal selbst ausprobieren kannst.

1 Konzentriere dich auf das Bild. Versuche, deine unmittelbare Umwelt zu vergessen und dich in das Bild hineinzuversetzen. Betrete gedanklich den Bildraum. Gehe in dem Raum auf und ab, nähere dich dem Spiegel. Du stellst fest, dass der Spiegel nicht dein Gesicht, sondern nur deine Rückenpartie wiedergibt. Welche Gedanken gehen durch deinen Kopf? Welche Gründe könnte es hierfür geben? Präge dir möglichst viele Eindrücke ein. Setze dich anschließend auf die Holzdielen des Zimmers und notiere deine spontanen Einfälle.
Wichtig: Für mindestens fünf Minuten solltest du in einem Fluss durchschreiben. Reflektiere nicht über deine Assoziationen, notiere sie schnell, direkt und *ohne den Stift vom Blatt abzusetzen*. An die üblichen Regeln zu Syntax, Ausdruck und Zeichensetzung brauchst du dich nicht zu halten. Wenn du ins Stocken gerätst, setzt du an dein letztes Wort so lange Kringel, bis aus diesen wieder neue Wörter werden.

2 Reflektiert, wenn möglich in Kleingruppenarbeit, über eure Schreiberfahrung. Wo ähneln sich die Assoziationen, wo liegen Unterschiede? Wie sind die Wahrnehmungsunterschiede zu erklären?

3 Welche Unterschiede zum normalen schulischen Schreiben fallen auf? Nenne Chancen des „Automatischen Schreibens" sowie mögliche Gefahren oder Nachteile.

4 Überarbeitet die Texte in Kleingruppen. Notiert Änderungsvorschläge am Rand, indem ihr die Texte eurer Mitschüler kommentiert oder mit Fragen verseht.

Grammatik üben

Wortarten im Überblick

Wortarten, die flektierbar sind

Wortart	Beispiel
Verb (Zeitwort, Tätigkeitswort)	*gehen, ich gehe*
Nomen/Substantiv (Namenwort, Hauptwort)	*Kind, Kinder*
Artikel (Geschlechtswort, Begleiter)	
bestimmter Artikel	*der, die, das*
unbestimmter Artikel	*ein, eine, ein*
Adjektiv (Eigenschaftswort)	*klein, (ein) kleines (Kind)*
Pronomen (Fürwort)	
Personalpronomen (persönliches Fürwort)	*ich, mir, du*
Possessivpronomen (besitzanzeigendes Fürwort)	*mein, dein*
Demonstrativpronomen (hinweisendes Fürwort)	*dieser, jener*
Relativpronomen (bezügliches Fürwort)	*der, welcher*
Reflexivpronomen (rückbezügliches Fürwort)	*sich, mich*
Interrogativpronomen (fragendes Fürwort)	*wer?, wessen?*
Indefinitpronomen (unbestimmtes Fürwort)	*jemand, niemand*
Numerale (Zahlwort)	*zwei, hundert, das dritte (Kind)*

Wortarten, die nicht flektierbar sind

Wortart	Beispiel
Adverb (Umstandswort)	*heute, oben*
Präposition (Verhältniswort)	*vor, an, in*
Konjunktion (Bindewort)	
nebenordnende Konjunktion	*und, oder*
unterordnende Konjunktion	*weil, als, dass*
Interjektion (Ausrufewort)	*oh!, au!*

Wüstensturm. Junge Raver machen die Sandtäler Jordaniens zum Dancefloor

Heute Nacht wird keine stille Nacht unter der sichtbaren Milchstraße. Pinkfarben glühen die
Berge, die untergehende Sonne taucht die Felsen des Wadi[1] Rums in Rottöne aller Schattierun-
gen – doch Techno donnert über die Sandtäler im jordanischen Süden. Die ersten Laserstrah-
len der Lichtshow blitzen in den tiefblauen Himmel. Zwei Beduinen, traditionell in lange
5 weiße Dschalabijas und rot-weiße Kopftücher gehüllt, hocken auf den „Sieben Säulen der
Weisheit" und beobachten, was unter ihnen, am Fuß dieser rund fünfzig Meter hohen Sandsteinfelsen, seinen Lauf nimmt: ein Spektakel, das sich nun zum fünften Mal jährt. Mit dem
„Distant Heat"-Festival ist die Moderne unübersehbar auch im Reiche König Abdallahs ange-
kommen. Hier feiert die westlich geprägte Jugend des Nahen Ostens ihre Freiheit, gemischtge-
10 schlechtlich und frei, weil im Großteil des Landes strenge Konventionen herrschen.
Heißer Wüstenwind kommt auf und bringt keine Erfrischung, die einbrechende Nacht aber
verspricht ein wenig Kühle. Ach, wenn es endlich so weit wäre! Eine Zigarette rauchen die
beiden Beduinen auf den Säulen der Weisheit noch, dann wickeln sie ihre Kuffijas eng um den
Kopf und verschwinden wieselgleich in der Felsformation. In der unendlichen Weite des
15 Wadis, unterbrochen von Sandsteinfelsen, die bis zu 1700 Meter hoch werden können, wähnt
man sich eher auf dem Mars als im Süden des haschemitischen Königreiches. Umso seltsamer
das Programm der Nacht. Zwölf Stunden, gewidmet dem Rave[2], der Ekstase und dem Loslas-
sen im Tanz, stehen für die Gäste an, die sich die teure Party unter dem Motto „Above and
Beyond" leisten konnten. Während die ersten Gäste direkt auf die Tanzfläche strömen, machen
20 sich die meisten zu den wodkalastigen Bars und zum Abendessen auf – es gibt Schawarma[3],
Hamburger und Hotdogs, im Ticketpreis von hundert US-Dollars inbegriffen, rund einem
Viertel des normalen jordanischen Monatseinkommens. Insgesamt sollen sich etwa 1600
Angehörige der panarabischen und internationalen „Rave Nation" hier einfinden, um bis zum
Sonnenaufgang zu tanzen, zu trinken und „ein Zeichen für einen friedlichen, modernen
25 Nahen Osten" zu setzen. [...]

(Frankfurter Allgemeine Sonntagszeitung, 19.8.2007; bearbeitet)

Teilnehmer beim
„Distant
Heat"-Festival

---

[1] **Wadi:** aus dem Arabischen, bezeichnet ein Trockental in den Regionen Nordafrikas
[2] **Rave:** aus dem Englischen, to rave: „rasen, schwärmen, toben", seit 1989 große Party-Veranstaltungen mit elektroni-
scher Musik
[3] **Schawarma:** arabisches Fleischgericht, ähnlich dem Döner Kebap

1 Ordne die unterstrichenen Wörter aus dem Text in die richtigen Spalten der Tabelle ein.

Verb A Vollverb B Hilfsverb C Modalverb	Nomen/Substantive	Artikel A bestimmter B unbestimmter
A (4): _____ _____ _____ _____ B (1): _____ C (2): _____ _____	(6): _____ _____ _____ _____ _____ _____	A (2): _____ B (2): _____ _____

Adjektiv	Pronomen	Numerale (zwei, dreimal)
(6): _____ _____ _____ _____ _____ _____	(4): _____ _____ _____ _____	(3): _____ _____ _____

Adverb	Präposition	Konjunktion A nebenordnende (und, oder) B unterordnende (da, dass, obwohl)	Interjektion (Ausrufewort: ooh, autsch, hm)
(2): _____ _____	(4): _____ _____ _____	A (2): _____ _____ B (2): _____ _____	(1): _____

Die Aussageweisen des Verbs – Der Modus

Verben können durch ihren **Modus** ausdrücken, ob es sich um eine reale Tatsache, einen Wunsch oder eine Aufforderung handelt. Man unterscheidet deshalb drei Modi: den Indikativ (Wirklichkeitsform), den Konjunktiv (Möglichkeitsform) und den Imperativ (Befehlsform).

Der Konjunktiv II als Ausdruck der Nicht-Wirklichkeit (Irrealis)

Mit dem **Konjunktiv II** stellt man eine Aussage als nicht möglich, nicht wirklich oder nicht wahrscheinlich dar. Man kann mit ihm auch einen Wunsch ausdrücken. Der Konjunktiv II wird aus den Indikativformen des Präteritums und des Plusquamperfekts gebildet.

Beispiele: ich flog → ich flöge, ich hatte gewonnen → ich hätte gewonnen

Der Konjunktiv II kann auch mit „würde" umschrieben werden.
Beispiel: Wenn es keinen Platten hätte, <u>würde</u> ich mit dem Fahrrad <u>fahren</u>.

1 Unterstreiche im folgenden Songtext von Herman van Veen wie im ersten Vers alle Formen des Konjunktivs II.

Herman van Veen (geb. 1945)
Könntest du zaubern

Refrain:
<u>Wärst</u> du ein Zauberer, dann <u>gäb's</u> nur Sonnenschein.
Wärst du ein Zauberer, wär' niemand mehr gemein.
Wärst du ein Zauberer, ein Zauberer,
ein Zauberer, ein Zauberer,
5 dann würden alle Menschen Freunde sein.

In jedem Haus wären hundert Zimmer mit einem Fernsehapparat.
Deine Eltern würden niemals sterben, hätten immer Zeit und Rat.
Aus dem Brunnen käm' statt Wasser Cola, Limo, Apfelsaft.
Was dein Herz sich nur erträumte, wäre wahr durch Zauberkraft.

Refrain:
10 Wärst du ein Zauberer, dann gäb's nur Sonnenschein. (und Hunger hätte keiner)
Wärst du ein Zauberer, wär' niemand mehr gemein. (die Großen wären kleiner)
Wärst du ein Zauberer, ein Zauberer,
ein Zauberer, ein Zauberer,
dann würden alle Menschen Freunde sein.

15 Es würden keine Fäuste fliegen und keinem Menschen ginge es schlecht.
Das Gute würde spielend siegen, jedes Lächeln wäre echt.
Im Winter gäb's genügend Schnee und trotzdem wär's gemütlich warm.
Und niemand würde reich geboren und niemand würde arm.

Refrain

Doch wird ein Zaubertrick dir nicht geschenkt,

20 das kostet mehr Zeit, als sich mancher denkt.

Zehn Jahre sucht man nach dem Tuch, und fünfzig nach dem Zauberbuch.

Und bis man es erlesen hat, ist man gebrechlich, alt und matt.

Den Zauberkurs von A – Z beherrscht man nicht mal als Skelett.

Doch mein Sohn versucht im Leben, das Zaubern niemals aufzugeben.

Refrain

(Herman van Veen: Könntest du zaubern, Text: Thomas Woitkewitsch, © Neue Welt Musikverlag GmbH, Hamburg)

Der **Konjunktiv II** wird aus den Indikativformen des Präteritums gebildet.

Beispiele: er läuft – er lief – ... wenn er schneller liefe

2 Vervollständige die folgende Tabelle.

Indikativ Präsens	Indikativ Präteritum	Konjunktiv II Präteritum
ich komme	ich kam	ich käme
er ruft an	er rief an	
du gibst	du gabst	
sie heben		
es reißt		
er liest		
		ich liefe
	sie gruben	
du sprichst		
		sie dächten
sie sitzt		
	ihr kamt	
		er schriebe

3 Den Konjunktiv II kann man auch mit einer Form von *würde* umschreiben. Vervollständigt die folgende Tabelle. Bei der Bildung der Formen des Konjunktivs II solltet ihr immer erst die Indikativformen nennen, von denen sie abgeleitet sind.

71

Indikativ	Konjunktiv II abgeleitet vom Präteritum	Umschreibung mit *würde*
es regnet (es regnete)	es regnete	es würde regnen
sie leben (sie lebten)	sie lebten	
er putzt (_____)		
sie fliehen (_____)		
wir geben (_____)		
sie findet (_____)		
du brauchst (_____)		
ich singe (_____)		
wir verbieten (_____)		
er sitzt (_____)		
ihr findet (_____)		
sie schwimmt (_____)		
wir trinken (_____)		
du singst (_____)		

4 Vervollständige die folgenden Sätze mithilfe der Ausdrücke in den Klammern. Entscheide bei den einzelnen Sätzen, welche Form des Konjunktivs II (mit oder ohne *würde* als Umschreibung) deinem Sprachgefühl eher entspricht.

Was wäre, wenn ...

- es im Sommer nicht mehr regnete/regnen würde. (regnen)

- ich im Lotto _____. (gewinnen)

- du in einem Hollywoodfilm die Hauptrolle _____. (spielen)

- es für alle Menschen auf der Welt genug zu essen _____. (geben)

- die große Pause eine Stunde _____. (dauern)

- ich mit meinem Goldfisch an der Leine spazieren _____. (gehen)

- ich dreimal im Jahr Geburtstag _____. (feiern)

- er morgen um die ganze Welt _____. (fliegen)

- ich morgen Miley Cyrus _____. (treffen)

- er ein paar Kilos _____. (abnehmen)

- mir jemand jeden Tag meine schwere Schultasche _____ . (tragen)

- mich der amerikanische Präsident gleich _____ . (anrufen)

- meine Geschwister sich nicht dauernd _____ . (streiten)

- sich das dreckige Geschirr heute von selbst _____ . (abwaschen)

- mein Verein heute das gegnerische Team _____ . (schlagen)

5 Du wirst als Mitglied eines irdischen Forschungsteams auf einem fremden Planeten gefangen genommen. Man sperrt dich in einen Käfig und es kommt darauf an, so schnell wie möglich zu beweisen, dass du zu den intelligenten Lebewesen zu rechnen bist. Aber wie zeigst du fremden Wesen, die du nicht kennst, dass du intelligent bist? Formuliere mindestens fünf Möglichkeiten und verwende dabei die Formen des Konjunktivs II (Irrealis).
Beispiel: Ich würde versuchen, ein Feuer anzuzünden.

Modalverben und Modaladverbien

Neben dem Konjunktiv II gibt es weitere Möglichkeiten, eine Aussage über die Art und Weise einer Handlung zu treffen.

Modalverben können unterschiedliche Bedeutungen haben:

können:	Möglichkeit/Fähigkeit	mögen:	(höflicher) Wunsch
dürfen:	Erlaubnis	sollen:	Verpflichtung
müssen:	Pflicht/Notwendigkeit	wollen:	Wille/Absicht

1 Forme den Beispielsatz „Marvin fährt mit der U-Bahn" entsprechend der unterschiedlichen Bedeutung der Modalverben um.

Bedeutung des Modalverbs	Beispiel
Möglichkeit/Fähigkeit	Marvin kann mit der U-Bahn fahren.
Wunsch	
Wille/Absicht	
Erlaubnis	
Verpflichtung	
Pflicht/Notwendigkeit	

2 Unterstreiche die Modalverben in den folgenden Beispielsätzen und bestimme deren Bedeutung.

Beispielsätze	Bedeutung des Modalverbs
1. Jemand sollte noch einen Kaffee holen.	Verpflichtung
2. Die Touristin möchte das Ungeheuer von Loch Ness sehen.	
3. Johannes muss um 21 Uhr zu Hause sein.	
4. Michael will wieder einmal ins Kino gehen.	
5. Ich möchte nicht das Geschirr abspülen!	
6. Unser Hund Waldi kann sprechen.	
7. Die Hausaufgabe könnte ja vollständig sein – ordentlich ist sie nicht!	
8. Eigentlich dürfte ich Ihnen das gar nicht sagen.	
9. Luzia muss ihren Turnbeutel in der Schule vergessen haben.	
10. Timo konnte nicht früher kommen.	
11. Ich möchte dich etwas fragen.	
12. Der Braten müsste jetzt eigentlich gar sein.	
13. Die Band soll recht gut sein.	
14. Kannst du diese Rechenaufgabe lösen?	
15. Diese Lösung könnte stimmen.	

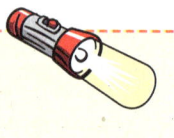

Auch **Adverbien (Modaladverbien)** können die Art und Weise einer Aussage näher kennzeichnen. Zu ihnen gehören: *allerdings, auch, besonders, bestimmt, durchaus, freilich, genauso, gerade, hoffentlich, insbesondere, jedoch, keineswegs, sehr, sicher, so, sogar, vergebens, vielleicht.*

3 Setze passende Modaladverbien in den Lückentext ein.

Die Reporterin Wiebke fährt mit der U-Bahn zu ihrem Interview mit dem Hollywoodstar Jenny

L. und ist _____ aufgeregt.

„_____ komme ich pünktlich! _____

heute muss alles glattgehen."

₅ Plötzlich kommt die U-Bahn _____ zum Stehen. Wiebke

sieht sich panisch um.

Die anderen Fahrgäste scheint die Unterbrechung _____ zu

stören. _____ geht es gleich weiter. Es vergehen

_____ Minuten, ohne dass sich der Zug wieder in Bewegung

10 setzt. Nervös trommelt Wiebke mit den Fingern auf ihre Armlehne.

„_____ habe ich mir das vorgestellt, das gibt es doch nicht!"

„Sehr geehrte Fahrgäste, wegen technischer Probleme kommt es zu einem außerplanmäßigen

Halt. In wenigen Minuten kann es _____ weitergehen", schep-

pert es aus den Lautsprechern.

15 Wiebke blickt hektisch auf ihre Armbanduhr. „Wenn der Schaffner recht behält, könnte ich

meinen Interviewtermin _____ noch schaffen. Wenn nicht,

war alle Arbeit und Aufregung _____ ."

Frustriert lässt Wiebke ihren Kopf hängen, als plötzlich ein Ruck durch die Abteile geht und

sich die U-Bahn unter Quietschen mühsam wieder in Bewegung setzt.

20 Wiebke atmet auf und holt noch einmal die Karteikarte mit den Interviewfragen heraus, um sie

_____ zum hundertsten Mal durchzugehen.

Der Konjunktiv in der indirekten Rede (Konjunktiv I)

Der **Konjunktiv I** wird vor allem zur Kennzeichnung der indirekten Rede verwendet. Man macht damit deutlich, dass man die Aussage eines anderen wiedergibt. Die Formen des Konjunktivs I werden von den Tempusformen Präsens, Perfekt und Futur I abgeleitet:

Indikativ	Konjunktiv I
er schreibt (Präsens)	er schreibe
er schrieb (Präteritum) er hat geschrieben (Perfekt) er hatte geschrieben (Plusquamperfekt)	er habe geschrieben
er wird schreiben (Futur I)	er werde schreiben

Unterscheiden sich die Konjunktiv-I-Formen nicht vom Indikativ, verwendet man Ersatzformen aus dem Konjunktiv II. Beispiel:

Johannes und Achim: „Wir haben heute Deutschunterricht."

- Johannes und Achim sagten, sie haben (nicht vom Indikativ zu unterscheiden) heute Deutschunterricht.
- Johannes und Achim sagten, sie hätten (Ersatzform Konjunktiv II) heute Deutschunterricht.

1 Bilde zu den folgenden Verbformen jeweils den Konjunktiv I. Achte auf das jeweilige Tempus.

Indikativ	Konjunktiv I
er ist gelaufen	er sei gelaufen
du sagst	
sie rief an	
sie wird winken	
er will helfen	
du gibst	
sie antwortete	
er liebt	
sie wird rennen	
sie sind	
er kam	
es wird gelingen	
du fährst	
er hatte gelesen	
es wird gut	

2 Forme die folgenden Sätze in die indirekte Rede um. Achte darauf, wann du anstelle des Konjunktivs I als Ersatzform den Konjunktiv II oder die Umschreibung mit *würde* benötigst.

- Anna wandte ein: „Die Klasse hat diese Vorschläge bereits vor Wochen abgelehnt."

_____

_____

- Die Ärzte teilten mit: „Dem Patienten wird es morgen schon viel besser gehen."

_____

_____

- Timo erzählt: „Der Dackel der Nachbarin sauste mit schleifender Leine an mir vorbei. Ich war der Letzte, der ihn gesehen hat."

_____

_____

- Emma befürchtet: „Ich habe morgen nichts zum Anziehen."

_____

_____

- Julia und Leonie sagten: „Wir kommen morgen und bringen das Buch mit."

_____

_____

- Die Kinder riefen: „Wir haben ein Gummiboot."

_____

_____

- Die Großmutter glaubt: „Du hast mich vergessen!"

_____

_____

- Marie sagt: „Ich jogge gerne."

_____

_____

- Johannes betont: „Meiner Meinung nach kann die Schule morgen ausfallen."

_____

_____

- Martin schwärmte: „Der Urlaub auf Langeoog war wirklich schön. Nächstes Jahr werden wir wieder hinfahren."

_____

_____

_____

3 Forme die Aussagen der Sängerin Jenny L. in indirekte Rede um.

REPORTERIN: Jennifer, Sie sind Schauspielerin und Sängerin. Was gefällt Ihnen besser?

JENNY L.: Sängerin ist mein Traumberuf. Wenn ich auf der Bühne stehe, vergesse ich alles um mich herum und lebe mich total aus. Ich spiele jedoch auch gerne interessante Rollen in Kinofilmen.

5 REPORTERIN: Und was reizt Sie am Beruf einer Schauspielerin?

JENNY L.: Als Schauspielerin kann ich in die Rollen von Menschen schlüpfen, deren Leben sich grundlegend von meinem unterscheidet. Ich erfahre so sehr viel über andere, aber auch über mich. Das ist wirklich interessant und erhellend.

REPORTERIN: Sie gelten als besonders sexy.

10 JENNY L.: Viele Leute behaupten das. Ich kann das nicht verstehen. Ich bin nicht sehr groß und auch meine Nase ist zu lang. Trotzdem schicken mir viele Fans Liebesbriefe. Sie kommen körbeweise bei mir an.

REPORTERIN: Können Sie alle Briefe Ihrer Fans beantworten?

JENNY L.: Leider habe ich nicht genug Zeit dafür. Aber ich bemühe mich doch, möglichst vielen
15 Menschen zu antworten.

Die Sängerin Jenny L. sagte,
Sängerin sei ihr Traumberuf.
Wenn sie …

Die Sichtweise einer Aussage – Aktiv und Passiv (Genus verbi)

Aus den letzten Schuljahren weißt du bereits, dass man ein Geschehen aus zwei Sichtweisen darstellen kann: Bei der Aktivform wird die Handlung vom Täter aus gesehen; bei der Passivform rückt der Täter in den Hintergrund und das Geschehen wird aus der Sicht des Betroffenen gesehen. Du kannst also zwei **Handlungsarten (Genera verbi)** unterscheiden:

das **Aktiv**: Viele Arbeiter bauten seit 1881 den Panamakanal.
das **Passiv**: Der Panamakanal wurde seit 1881 (von vielen Arbeitern) gebaut.

Du bildest die Passivform durch eine flektierte (gebeugte) Form des Verbs „werden" und das Partizip II eines Verbs (hier: *wurde* – Präteritum von „werden", *gebaut* – Partizip II von „bauen"). Der „Täter" wird entweder in einer Präpositionalgruppe mit *von* (von vielen Arbeitern) genannt, oder er fehlt ganz.
Wird der „Täter" nicht genannt, spricht man auch von einem täterlosen Passiv. Das Verschweigen des „Täters" kann unterschiedliche Gründe haben, z. B. dass der „Täter" unbekannt oder unwichtig ist oder bewusst ungenannt bleiben soll.

1 Unterstreiche in dem folgenden Text alle Passivformen und, falls vorhanden, die Präpositionalgruppen mit *von*, die den „Täter" angeben.

Die Geschichte des Panamakanals

1869 wurde der Suezkanal eröffnet, der das Mittelmeer und das Rote Meer miteinander verbinden sollte. Nun glaubten viele Menschen, dass ein Kanal, der in Mittelamerika Pazifik und Atlantik verbinden würde, ebenso leicht zu bauen sein müsste. Man hoffte außerdem auf großen finanziellen Gewinn. 1879 wurde die französische Panamakanal-Gesellschaft von der
5 Regierung Kolumbiens – Panama wurde damals noch von Kolumbien regiert – mit dem Bau dieses Kanals beauftragt. Tausende von Arbeitern wurden beim Bau des Kanals beschäftigt, jedoch erwies sich das Projekt im tropischen Klima Mittelamerikas als schwieriger als erwartet. Viele der Arbeiter wurden von Krankheiten wie Malaria und Gelbfieber heimgesucht, von 1881 bis 1889 starben ca. 22 000 Menschen bei den Arbeiten. Nachdem erst ein kleinerer Teil des
10 Kanals fertiggestellt worden war, musste die französische Panamakanal-Gesellschaft 1889 Konkurs anmelden. Die Arbeiten wurden eingestellt und sie wurden erst 1906 wieder aufgenommen. Panama war inzwischen ein selbstständiger Staat geworden. Der Weiterbau des Kanals wurde von dem Ingenieur George W. Goethals aus den USA geleitet, da die Rechte an der Kanalzone bereits 1901 an die US-amerikanische Regierung verkauft worden waren. Im
15 August 1914 wurde der Panamakanal fertiggestellt und er wurde zum ersten Mal von einem Schiff durchfahren. Seit September 2007 wird wieder am Panamakanal gebaut, da die beliebte Wasserstraße von immer mehr und immer
20 größeren Schiffen durchfahren wird. An der größten Baustelle des amerikanischen Kontinents wird voraussichtlich bis zum Jahr 2016 gebaut werden.

2 Warum werden in dem Text so viele Passivformen verwendet?

_____

_____

_____

_____

Bei der **Umformung** eines Passivsatzes in einen Aktivsatz wird das Subjekt des Passivsatzes zum Akkusativobjekt des Aktivsatzes.

Passivsatz: 1879 wurde **die französische Panamakanal-Gesellschaft** (*Subjekt*) von der Regierung Kolumbiens mit dem Bau dieses Kanals beauftragt.

Aktivsatz: 1879 beauftragte die Regierung Kolumbiens **die französische Panamakanal-Gesellschaft** (*Akkusativobjekt*) mit dem Bau dieses Kanals.

3 Forme die Passivsätze aus dem Text, die in einer Präpositionalgruppe mit *von* den „Täter" nennen, in Aktivsätze um und schreibe diese in dein Heft. Achte dabei auf die richtige Zeitform.

Oft nennt der Passivsatz den „Täter" nicht. Du kannst diese Passivsätze trotzdem auch im Aktiv ausdrücken, indem du aus dem Zusammenhang ein Subjekt erschließt, das Sinn ergibt, oder indem du das unpersönliche Pronomen *man* als Subjekt wählst.

Täterloses Passiv: 1869 wurde der Suezkanal eröffnet.
Aktivsatz: Man eröffnete 1869 den Suezkanal.

4 Forme jetzt die Passivsätze, die den „Täter" nicht nennen, in Aktivsätze um. Finde jeweils ein sinnvolles Subjekt und schreibe die Aktivsätze in dein Heft. Achte dabei auf die richtige Zeitform.

Die Passivformen mit *werden* + Partizip II drücken einen Vorgang aus, weshalb wir auch vom **Vorgangspassiv** sprechen. Daneben gibt es auch eine Passivform mit *sein* + Partizip II, die einen Zustand beschreibt, der als Resultat eines Vorgangs angesehen werden kann. Diese Passivform nennen wir **Zustandspassiv**.

Die Tür wurde geöffnet. **(Vorgangspassiv)**
Die Tür ist geöffnet. **(Zustandspassiv)**

5 Entscheide, welche der folgenden Sätze im Aktiv **(A)** stehen und welche im Passiv stehen. Unterscheide beim Passiv zwischen Vorgangspassiv **(VP)** und Zustandspassiv **(ZP)**.

Der neue Panamakanal

Die Planungen für die Erweiterung des Panamakanals sind abgeschlossen. ( ) Die Bauarbeiten werden Panama sehr viel Geld kosten. ( ) Kritiker glauben, dass das kleine Land die notwendigen Investitionen nicht wird leisten können. ( ) Doch der Anfang ist gemacht. ( ) Mit 15 000 Kilo Dynamit wurde an einem Hügel Gestein gesprengt. ( )

5 In den kommenden Jahren werden 130 Millionen Kubikmeter Gestein abgetragen werden. ( ) Zurzeit kommt es im Kanal immer wieder zu Staus und langen Wartezeiten. ( ) Dies wird von vielen Reedereien kritisiert. ( ) Alle Beteiligten hoffen aber auf das Ende der Bauarbeiten im Jahr 2016. ( )

Satzglieder erkennen

Sätze bestehen aus **Satzgliedern**, die mithilfe der Umstellprobe ermittelt und mit der Satzgliedfrage bestimmt werden können. Satzglieder können aus einem oder mehreren Einzelwörtern bestehen. Die wichtigsten Satzglieder sind:

Satzglied	Satzgliedfrage	Beispiel
Subjekt	Wer oder was?	**Michael** möchte vor der Klasse eine Rede halten.
Prädikat (häufig als Prädikatsklammer)	Was tut das Subjekt?/Was geschieht?	Darauf **bereitet** er sich intensiv **vor**.
Prädikativ	Wer oder was ist das Subjekt? Als was gilt jemand?	Michael ist **Klassensprecher der 9b**. Er gilt **als guter Redner**.
Objekt Akkusativobjekt	Wen oder was?	Er notiert auf ein Blatt **Stichworte**.
Dativobjekt	Wem?	Er berichtet **seinen Eltern** von seinen Ideen.
Genitivobjekt	Wessen?	Die Rede bedarf der **mehrmaligen Überarbeitung**.
Präpositionales Objekt	Über wen? Über was?	Er will **über die Arbeit von Tageszeitungen berichten**.
Adverbiale Temporaladverbiale	Wann? Wie oft? Wie lange?	Der Vortrag soll **nicht länger als fünf Minuten** dauern.
Kausaladverbiale	Warum? Weshalb?	**Aus Interesse** hat er sich für dieses Thema entschieden.
Modaladverbiale	Wie? Auf welche Art und Weise?	Er muss darauf achten, **langsam und deutlich** zu sprechen.
Lokaladverbiale	Wo?	**Auf seinem Schreibtisch** türmen sich die Entwürfe.
Instrumentaladverbiale	Womit? Mit welchem Mittel?	**Mit seinem Textverarbeitungsprogramm** kann er seinen Text bequem überarbeiten.

Bestimme in dem folgenden Text die unterstrichenen Satzglieder. Schreibe in Kürzeln darüber: **S** (Subjekt), **P** (Prädikat), **Präd.** (Prädikativum), **AO** (Akkusativobjekt), **DO** (Dativobjekt), **PO** (Präpositionales Objekt), **TAdv** (Temporaladverbiale), **MAdv** (Modaladverbiale), **LAdv** (Lokaladverbiale), **IAdv** (Instrumentaladverbiale). Beachte, dass das Prädikat aus zwei Teilen bestehen kann.

Sylvia Englert (geb. 1970)
Wie dpa meldet

Wie schaffen es die Medien nur, jeden Tag ihr Blatt oder ihr Programm zu füllen – wo bekommen sie bloß ihre Themen und Informationen her? Wenn du den Stapel von Post sehen könntest, den die meisten Redakteure jeden Morgen auf ihrem Schreibtisch vorfinden, dann würde das schon einen Teil der Frage beantworten. Unternehmen, Organisationen,

5 Verbände, Vereine, Ministerien, alle schicken dir die Informationen über die neuesten Aktivitäten, die sie für wichtig halten. Ob sie das tatsächlich sind und einen Artikel hergeben, entscheidet dann der Journalist; der Rest wandert in den Papierkorb. Kleinere Lokalzeitungen drucken auch schon mal dankbar die Meldung, die der Pressewart dieses oder jenes Vereins geschrieben hat – das spart Arbeit.

10 Eine andere gute Quelle für Neuigkeiten: Morgens (auch im Büro) eine oder besser noch mehrere Zeitungen zu lesen, gehört zum Job eines Journalisten: Was hat die Konkurrenz so alles gemeldet? Warum hatten wir das nicht drin? Das sollten wir mal aufgreifen ... Natürlich werden Journalisten auch zu Veranstaltungen eingeladen, über die sie dann etwas schreiben. Oder sie bekommen einen Tipp: „Pass mal auf, das könnte doch eine Geschichte für euch

15 sein." [...]

Doch einen großen Teil der überregionalen Meldungen und Berichte bekommen die Medien – Zeitungen, Zeitschriften, Hörfunk, Fernsehen und Internet – von Agenturen geliefert. Denn zum Beispiel muss jedes größere Blatt einen Politik-Teil haben, aber oft kann es sich gar nicht so viele Berlin-Korrespondenten leisten, wie es bräuchte, wenn es alles selber recherchieren

20 und schreiben wollte. Hier springen die Agenturen ein: Mit ihren riesigen Korrespondentennetzen können sie fast alles, was an Wichtigem in der Welt geschieht, innerhalb kürzester Zeit berichten.

Allein zur Politik laufen täglich Hunderte von Nachrichten über die Agenturen in den Redaktionen ein, gar nicht zu reden von den vielen Meldungen für die anderen Ressorts. Allein 2 000 Agen-

25 turmeldungen überprüft und wertet die Redaktion der *Süddeutschen Zeitung* jeden Tag aus. Daraus können die Redakteure dann auswählen, was sie drucken möchten, und den Text nach ihren Wünschen umschreiben. Viele Medien übernehmen die Meldungen unverändert und

kürzen sie höchstens oder schreiben ein paar Zeilen um. Einzige Voraussetzung für das

Ganze: Das Medium muss <u>den Service der entsprechenden Agentur</u> abonniert haben. Die

30 wichtigsten dpa-Dienste kosten eine mittelgroße Zeitung <u>eine sechsstellige Summe</u> im Jahr.

Achte doch mal darauf, wie viele Tageszeitungsmeldungen <u>vorne</u> <u>ein Kürzel</u> tragen – daran

erkennt man, von welcher Agentur die Nachricht <u>geliefert wurde</u>:

dpa <u>steht</u> für die *Deutsche Presse-Agentur*, die größte deutsche Nachrichtenagentur.

AP steht <u>für die amerikanische Agentur *Associated Press*</u>.

35 **AFP** steht für *Agence France-Presse*.

Reuters ist <u>eine auf Finanz- und Wirtschaftsnachrichten spezialisierte [...] Nachrichtenagentur</u>.

(2002)

Satzreihe und Satzgefüge

Die Satzreihe

Eine **Satzreihe** besteht **mindestens aus zwei Hauptsätzen** (Teilsätze), die inhaltlich eng zusammengehören und eine Aussageeinheit bilden. Man unterscheidet folgende Satzverbindungen:

a) **unverbundene** Satzreihe:
  - mit Komma: Max will auf die Party gehen, Murat ist dagegen.
  - mit Semikolon: Max will auf die Party gehen; Murat ist dagegen.

b) **verbundene** Satzreihe:
  - mit nebenordnender Konjunktion (z. B. *und, oder, aber, denn, daher, darum, dadurch, also* ...): Max will auf die Party gehen, aber (doch) Murat ist dagegen.
  - Vor *und* bzw. *oder* und bei Reihungen mit *weder ... noch* und *entweder ... oder* steht in der Regel kein Komma.

1 Verbinde die folgenden Sätze durch passende nebenordnende Konjunktionen. Achte dabei auch auf die Kommasetzung.

  - Patrick geht gerne ins Kino. Franziska sieht abends gerne fern.

  _____

  _____

  - Jana hat keinen Appetit auf Eis, sie mag Milchshakes.

  _____

  _____

● Leon kann sehr gut zeichnen, Kunst ist sein Lieblingsfach.

_____

_____

● Das Fahrrad ist grün, es wirkt modern.

_____

_____

Das Satzgefüge

Das **Satzgefüge** ist eine Verbindung aus einem **Hauptsatz** und einem **Gliedsatz** (Nebensatz). Ein Gliedsatz übernimmt die **Aufgabe eines Satzglieds oder Satzgliedteils**. Dabei ist er dem Hauptsatz untergeordnet. Er hängt grammatisch von ihm ab und kann nicht alleine stehen. Gliedsätze/Nebensätze werden zumeist durch eine **unterordnende Konjunktion** (*als, nachdem, weil, obwohl, sodass ...*) oder ein **Relativpronomen** (*der, die, das, welcher*) mit dem Hauptsatz verbunden. Sie können nicht alleine stehen, die finite (konjugierte, gebeugte) Form des Verbs steht am Schluss.
Die häufigsten Gliedsatz-/Nebensatzarten sind:

- Subjektsatz
- Objektsatz
- Attributsatz/Relativsatz
- Adverbialsatz

Gliedsätze/Nebensätze werden durch ein Komma vom Hauptsatz abgetrennt.

1 Unterstreiche in dem folgenden Text alle Glied-/Nebensätze. Zeichne um die finiten Verbformen der Glied-/Nebensätze einen Kasten und versieh die Konjunktionen sowie Relativpronomen mit einer Wellenlinie (wie im Beispiel).

Unser Kalender

Unser Kalender gehört zu den alljährlichen Selbstverständlichkeiten, die wir in Anspruch nehmen, ohne dass wir weiter darüber nachdenken. Tag für Tag reißen wir ein neues Kalenderblatt ab. Jahr für Jahr scheint sich alles nach einem festgefügten Rhythmus zu wiederholen. Doch das war nicht immer so. Bereits im Jahre 46 v. Chr. entwickelte Julius Caesar einen
5 Kalender, der auf dem Sonnenjahr beruhte. Das sogenannte Julianische Jahr war im Durchschnitt 365,25 Tage lang, sodass regelmäßig ein Schaltjahr eingefügt werden musste. Allerdings war diese Zeitmessung noch zu ungenau. Das Jahr war um exakt 0,0078 Tage zu lang, deshalb stimmte im Laufe der Jahre der Kalender nicht mehr mit der Jahreszeit überein. Am

Ende des 16. Jahrhunderts hatte sich bereits ein Unterschied von 10 Tagen zwischen dem

10 tatsächlichen Sonnenstand und dem Kalender ergeben. Wenn man jetzt nichts geändert hätte,

dann hätten unsere Nachfahren Weihnachten vielleicht einmal im Sommer feiern müssen.

Papst Gregor XII. passte mit der von ihm erarbeiteten Reform die Zeiteinteilung wieder dem

Sonnenstand an, sodass der Fehler behoben werden konnte. Am 24. Februar 1582 wurde

beschlossen, dass in jenem Jahr auf den 4. Oktober sogleich der 15. Oktober folgen sollte.

15 Gleichzeitig wurde die durchschnittliche Jahreslänge auf 365,245 Tage festgelegt.

Dieser Reform verdanken wir es, dass sich erst in etwa 3 000 Jahren eine Differenz um einen

Tag vom Lauf der Sonne ergeben wird.

Subjektsatz und Objektsatz

Subjekt- und Objektsätze übernehmen die Aufgaben der Satzglieder Subjekt und Objekt. Sie werden häufig mit der Konjunktion *dass* eingeleitet. Man erfragt sie mit den Satzgliedfragen **Wer oder was?/Wem?/Wen oder was?**

Beispiele: **Dass du wieder gesund bist,** freut mich sehr.
            Subjektsatz

            Ich glaube, **dass du recht hast.**
                        Objektsatz

Objektsätze können auch mit einem **W-Fragewort** oder der Konjunktion *ob* eingeleitet werden **(indirekte Fragesätze).** Beziehen sich indirekte Fragesätze auf eine konkrete direkte Äußerung, steht die Verbform in der Regel im **Konjunktiv** der **indirekten Rede.**

Beispiele: Sie fragte ihn: „Kommst du mit schwimmen?" – Sie fragte ihn, **ob er mit schwimmen komme.**

            Er fragte sie: „Wie hast du das gemacht?" – Er fragte sie, **wie sie das gemacht habe.**

1 Unterstreiche in den folgenden Satzgefügen wie im Beispiel die Glied-/Nebensätze und schreibe darunter, ob es sich um einen Subjektsatz oder um einen Objektsatz handelt.

- <u>Dass du abreisen musst</u>, macht uns wirklich traurig.

  <u>Subjektsatz</u>

- Nur wer geduldig ist, kommt ans Ziel.

  _____

- Ich mag nicht, dass ihr so neugierig seid.

  _____

- Dass es einen Unfall gegeben hat, meldeten bereits die Fernsehnachrichten.

  _____

- Wir warten darauf, dass sie sich entscheidet.

  _____

- Dass Semire einen Fehler gemacht hat, ist zu verzeihen.

  _____

- Wie lange die Reise dauert, steht noch nicht fest.

  _____

2 Forme wie in dem Beispiel die Subjekt- und Objektsätze aus Aufgabe 1 zu Sätzen mit einfachem Satzglied (Subjekt oder Objekt) um. Unterstreiche das entsprechende Satzglied.

Beispiel: <u>Dass du abreisen musst</u>, macht uns wirklich traurig. → <u>Deine Abreise</u> macht uns wirklich traurig.

3 Forme die folgenden direkten Fragesätze in indirekte Fragesätze um. Beachte dabei die Regeln der indirekten Rede.

- Gülcan fragte: „Können wir nicht gemeinsam für die Klassenarbeit lernen?"

  _____

  _____

- Lutz fragte: „Wann und wo sollen wir uns treffen?"

  _____

  _____

● Johanna fragte: „Ist denn das Thema so schwierig?"

_____

_____

● Leon wollte wissen: „Warum fragen wir nicht einfach die Lehrerin um Rat?"

_____

_____

Attributsatz/Relativsatz

Relativsätze übernehmen sehr oft die **Aufgabe eines Attributs** und bestimmen dann ein Nomen/Substantiv aus dem Hauptsatz näher. Deshalb nennt man sie auch **Attributsätze.** Relativsätze werden durch ein **Relativpronomen** (_der, die, das, welcher, welche, welches, wer, was_) oder ein **Relativadverb** (_wo, wohin, woher, wann ..._) eingeleitet.

Beispiele: Die Straße, | die | nach rechts abzweigt, führt in die nächste Stadt.
                        Rel.-Pron.   Relativsatz

                Dort, | wo | die Straße den Ort verlässt, liegt das Waldschlösschen.
                   Rel.-Adv.   Relativsatz

1 Bilde aus den folgenden Satzpaaren Satzgefüge, indem du einen Hauptsatz in einen Attribut-/Relativsatz umformst.

● Johannes hat einen neuen Computer. Er ist auf dem neuesten Stand der Technik.

_____

_____

_____

● Der Kindergarten ist im Sommer geschlossen. Ihn besuchen etwa 100 Kleinkinder.

_____

_____

_____

● Die Polizei sucht einen Bankräuber. Er soll etwa 35 Jahre alt sein und eine braune Cordhose tragen.

_____

_____

_____

- Auf dem Sportplatz findet ein spannendes Fußballspiel statt. Dort haben bereits berühmte Mannschaften gespielt.

_____

_____

_____

- Im Fernsehen läuft eine interessante Sendung. In ihr berichten Schüler von ihren Auslandsaufenthalten.

_____

_____

_____

- Robert findet das Buch spannend. Es handelt von den Kreuzzügen im Mittelalter.

_____

_____

_____

 **2** Überarbeite den folgenden Text, indem du da, wo es sinnvoll ist, aus einzelnen Satzreihen Satzgefüge machst. Verwende vor allem Attribut-/Relativsätze.

Wirbelstürme

Tropische Wirbelstürme sind gefürchtet. Sie entwickeln sich über dem Meer. Beim Übertritt auf das Festland verlieren sie spätestens nach anderthalb Tagen ihre Kraft. Voraussetzung für die Entstehung eines Wirbelsturms ist eine mindestens 27 Grad Celsius

warme Wasseroberfläche. Sie kommt nur in den
5 Tropen vor. Das Meerwasser verdunstet, es wird von der Sonne aufgeheizt; die gewaltige Energiezufuhr verwandelt es in gasförmigen Wasserdampf. Er steigt schnell nach oben. Dort, in kühleren Luftregionen, bilden sich Wolken, und die ersten Gewitter-
10 schauer gehen nieder. Herrscht extremes Luftdruckgefälle, wird immer mehr feuchtwarme Luft von unten angesaugt. Die Erddrehung lässt die riesigen Wolkentürme in Bewegung geraten. Mächtige Wirbel entstehen. Sie wachsen zu dem verheeren-
15 den Sturm an.
Wirbelstürme verwüsten, begleitet von schweren Regengüssen, oft auch Gebiete außerhalb der Tropen. So bilden sich pro Jahr etwa acht Hurrikans über dem Atlantik. Von ihnen suchen schließlich
20 zwei oder drei den nordamerikanischen Kontinent heim.

Wirbelsturm vor der Küste Bangladeschs 2007

Adverbialsätze

Adverbialsätze sind Nebensätze und übernehmen die Funktion von adverbialen Bestimmungen. Sie dienen dazu, die **Umstände eines Geschehens** näher zu kennzeichnen. Eingeleitet werden sie durch eine **unterordnende Konjunktion**.

Folgende Arten von Adverbialsätzen gibt es:

Adverbialsatz	Aspekt der Umstandsbeschreibung	Konjunktionen	Beispiel
Temporalsatz	Zeitpunkt, Zeitdauer	als; nachdem; bevor; wenn; während; sobald	Als Philipp die Ankündigung sah, war es schon zu spät.
Kausalsatz	Ursache, Begründung	weil; da	Er schreibt es auf, weil er so vergesslich ist.
Konditionalsatz	Bedingung, Voraussetzung	wenn; falls; sofern	Falls du nichts dagegen hast, bleibe ich morgen zu Hause.
Konsekutivsatz	Folge	sodass; dass; so ..., dass	Marie ist so erschöpft, dass sie früh zu Bett geht.
Finalsatz	Absicht, Zweck	damit; dass; auf dass	Sie üben intensiv das neue Theaterstück, damit die Aufführung ein Erfolg wird.
Konzessivsatz	Einräumung; ein Grund, der nicht zählt	obgleich; obwohl	Obwohl wir müde waren, wanderten wir noch ein paar Kilometer weiter.
Modalsatz	Art und Weise	indem; dadurch, dass	Sie gewannen das Spiel dadurch, dass die ganze Mannschaft den Strafraum abriegelte.
Adversativsatz	Gegenteil	während; anstatt dass	Er war gelangweilt, während sie sich gespannt den Fernsehkrimi anschaute.
Komparativsatz	Vergleich	als; wie; als ob; als wenn	Es ist so geschehen, wie ich es vorausgesehen habe.
Lokalsatz	Ort, Richtung	wo; wohin; woher[1]	Das Nachbargrundstück beginnt, wo die Büsche stehen.

---

[1] Der Lokalsatz wird als einziger Adverbialsatz nicht mit einer Konjunktion, sondern mit einem W-Fragewort eingeleitet.

1 Bilde wie in dem Beispiel aus den unterstrichenen adverbialen Bestimmungen Adverbialsätze. Achte darauf, dass die Bedeutung jeweils erhalten bleibt. Denke daran, zwischen Glied-/Nebensatz und Hauptsatz ein Komma zu setzen.

- <u>Vor Sonnenuntergang</u> kamen wir in der Herberge an.

  Bevor die Sonne untergegangen war, kamen wir in der Herberge an.

- <u>Wegen des guten Wetters</u> gehen viele Menschen ins Freibad.

  _____

  _____

- <u>Im Falle eines Erfolgs</u> erhält der Sportler eine Medaille.

  _____

  _____

- <u>Aus Neugier</u> kamen die Schüler auf dem Schulhof zusammen.

  _____

  _____

- <u>Durch intensives Üben</u> kann man in der Schule Erfolg haben.

  _____

  _____

2 Unterstreiche in den folgenden Satzgefügen die Adverbialsätze und klammere die Konjunktionen ein. Setze die Kommas und bestimme die Art des Adverbialsatzes (s. S. 89).

- (Wenn) <u>es im Sommer in allen Schulen eines Bundeslandes Ferien gibt</u>, beginnt die große Reisewelle.

  Adverbialsatz: _____ *Temporalsatz* _____

- Bereits kurz nach Schulschluss starten viele Familien mit ihrem Auto in den Urlaub weil sie möglichst bald ihren Ferienort erreichen wollen.

  Adverbialsatz: _____

- Auf die Autobahnen strömen so viele Autos dass es vor allem an den Hauptverkehrspunkten zu langen Staus kommt.

  Adverbialsatz: _____

- Die Lage verschärft sich dadurch dass es auf den Straßen im Sommer viele Baustellen gibt.

  Adverbialsatz: _____

- Bevor der Urlaub überhaupt Entspannung bescheren kann bedeutet die Anreise viel Stress.

  Adverbialsatz: _____

- Obwohl die Menschen von dem Problem wissen wiederholt sich das Verkehrschaos jedes Jahr.

  Adverbialsatz: _____

- Während Tausende von Urlaubern Staus in Kauf nehmen entscheiden sich viele für die Reise mit der Bahn.

  Adverbialsatz: _____

- Wo sie ihren Sommerurlaub verbringen legen viele bereits im Winter fest.

  Adverbialsatz: _____

- Damit ihre Kunden sich entspannen können haben Reiseveranstalter eine bunte Vielzahl von Angeboten im Programm.

  Adverbialsatz: _____

- Eine Flugreise bietet sich geradezu an falls man andere Kontinente besuchen und ferne Länder und Kulturen erkunden möchte.

  Adverbialsatz: _____

- Häufig ist der Urlaubsort dann ganz anders als man ihn erwartet hat.

  Adverbialsatz: _____

3 Der folgende Text besteht fast ausschließlich aus Satzreihen. Überarbeite ihn, indem du mithilfe von Adverbialsätzen und Attribut-/Relativsätzen Satzgefüge bildest. Schreibe den Text entsprechend um.

Der Smutje

Moderne Schiffe mit ihren immer kleiner werdenden Besatzungen könnten auf den Smutje, den Schiffskoch, eigentlich verzichten. Es gibt doch Gefrierschränke und attraktive Fertigge-richte. Jeder an Bord könnte sich nach Appetit und Laune selbst bedienen. So wäre für die Verpflegung der Mannschaft gesorgt und
5 jeder zufriedengestellt.
Ohne Smutje auszulaufen wäre aber ein großer Fehler, sagen einhellig alle Experten. Sie mussten sich mit dem Aufgabenbereich des Smutjes befassen. Der Koch brutzelt nämlich nicht nur die Mahlzeiten, son-dern ist zugleich eine wichtige Vertrauensperson an Bord. Seine
10 Kombüse ist Treffpunkt für alle. Hier findet sich jeder ein. Der Smutje spricht mit allen, er kann ihnen zuhören und ihre Sorgen verstehen. So ist er viel mehr als ein Koch: Er ist die Seele des Schiffes.

Komplexe Satzgefüge

Satzgefüge können auch aus einem Hauptsatz und mehreren Gliedsätzen (Nebensätzen) bestehen, die voneinander abhängen. Man spricht in diesem Fall von **komplexen Satzgefügen**.

Beispiel: Nachdem Renate das Referatsthema, das die Lehrerin vorgeschlagen hatte, übernommen hatte, ging sie zur Vorbereitung in die Stadtbibliothek.

Zu diesem Satz passt die folgende **grafische Darstellung**:

‾‾‾‾‾‾‾‾‾‾‾‾‾‾‾‾‾‾.
Hauptsatz

〰〰〰〰〰〰,   〰〰〰〰〰〰,
Nebensatz 1. Ordnung   Nebensatz 1. Ordnung

〰〰〰〰〰〰,
Nebensatz 2. Ordnung

Bei dieser Form des Satzgefüges muss man besonders **darauf achten**, dass sie **nicht zu komplex** wird, damit der Leser die Beziehungen zwischen den einzelnen Gliedsätzen (Nebensätzen) noch überblicken kann.

1 Ordne die folgenden komplexen Satzgefüge den passenden grafischen Darstellungen zu, indem du die entsprechenden Buchstaben in die Kästchen einträgst.

a) Das Kreuzfahrtschiff, das noch im Hafen vor Anker liegt, obwohl es heute morgen auslaufen sollte, hat einen Motorschaden.

b) Seitdem meine Freunde wissen, dass ich gern ins Kino gehe, schenken sie mir zu jedem Geburtstag einen Gutschein.

c) Trotz des drohenden Sturms, den der Wetterdienst vorausgesagt hatte, und der schlechten Ausrüstung, die ihnen der Bergführer aus Versehen zur Verfügung gestellt hatte, weil er in Gedanken mit anderen Dingen beschäftigt war, machte sich die Gruppe zur Wanderung auf.

☐   ‾‾‾‾‾‾‾‾‾‾‾‾‾‾‾‾.
Hauptsatz

〰〰〰〰〰〰,
Nebensatz 1. Ordnung

〰〰〰〰〰〰,
Nebensatz 2. Ordnung

☐ ‾‾‾‾‾‾‾‾‾‾,   ‾‾‾‾‾‾‾‾‾‾.
Hauptsatz   Hauptsatz

〰〰〰〰〰〰,
Nebensatz 1. Ordnung

〰〰〰〰〰〰,
Nebensatz 2. Ordnung

☐ —————— ,　　　　—————— ,　　　　　　　　　　　　—————— .
　Hauptsatz　　　　　　Hauptsatz　　　　　　　　　　　　Hauptsatz

　　　　　〜〜〜〜 ,　　　〜〜〜〜 ,
　　　　　Nebensatz　　　Nebensatz
　　　　　1. Ordnung　　　1. Ordnung

　　　　　　　　　　　　　　　　〜〜〜〜 ,
　　　　　　　　　　　　　　　　Nebensatz
　　　　　　　　　　　　　　　　2. Ordnung

2 Zeichne zu den folgenden komplexen Satzgefügen die passende grafische Darstellung in dein Heft.

- Das gelb angestrichene Haus in der Lessingstraße, das damals, als wir es zum ersten Mal sahen, noch ein Jugendzentrum beherbergt hatte, wurde gestern abgerissen.

- Wenn du denkst, dass du denkst, dann denkst du nur, dass du denkst.

- Ich erinnere mich gerne an die letzten Sommerferien, als wir gemeinsam mit Johannes und Paula, mit deren komfortablem Wohnmobil wir unterwegs waren, im sonnigen Spanien Urlaub gemacht haben.

- Anstatt dass du sagst, was du dir als Geschenk zu deinem Geburtstag wünschst, müssen wir nun selbst überlegen, was dir wohl am besten gefällt.

3 Forme die Satzreihen in komplexe Satzgefüge um.

- Wir schliefen tief und fest, das Unfassbare geschah, das hatten wir nicht erwartet.

- Ich spiele in einer Band, mit ihr übe ich jeden Dienstag, dienstags sollte ich eigentlich zum Tennistraining gehen.

- Herr Meier grüßt Frau Müller freundlich, sie nickt nur, denn sie trägt einen schweren Einkaufskorb und dieser Korb ist gefüllt mit Obst und Milchflaschen.

- Morgen findet ein Fußballspiel statt, die deutsche Nationalmannschaft spielt gegen die USA, doch in den Staaten wird kaum jemand das Spiel im Fernsehen verfolgen, denn dort ist Football beliebter.

- Luis geht in die neunte Klasse, zu ihr gehören noch 25 andere Schülerinnen und Schüler, von ihnen ist er der beste Sportler.

4 Der folgende Text ist aufgrund der komplexen Satzgefüge unübersichtlich geraten. Überarbeite ihn abschnittsweise, damit er besser verständlich und stilistisch ansprechender wird.

Der Einfluss der Griechen und Römer

Frauen und Männer, die sehr gelehrt waren, sodass ihre Meinung sehr anerkannt ist, haben sich jahrzehntelang darüber gestritten, ob Europa den Römern, die im Rahmen ihrer Eroberungszüge technische und kulturelle Neuerungen auf dem gesamten Kontinent bekannt machten, oder den Griechen, die in Kunst und Literatur Maßstäbe, die auch heute noch gelten,
5 setzten, mehr zu verdanken habe. Wenn man die griechischen und lateinischen Sprachspuren

in den indoeuropäischen Sprachen, die die Forscher in mühevoller Arbeit untersuchen, als Hinweis für den kulturellen Einfluss, den beide Völker ausübten, nimmt, lässt sich gar nicht bestreiten, dass sie die Geschichte Europas gleichermaßen geprägt haben. Dass es in fast allen europäischen Sprachen, wie entsprechende Studien bewiesen haben, ähnliche Wörter für

10 „Politik" und „Demokratie", für „Geometrie" und „Theater" gibt, ist jedoch zunächst auf die Griechen zurückzuführen; aber ohne die Römer, deren militärische Macht auch positive Folgen hatte, wäre vielleicht vieles, wofür diese Begriffe, die heute Allgemeingut sind, stehen, in Vergessenheit geraten.

Als der griechische Dichter Homer (8. Jh. v. Chr.), über den nur wenig bekannt ist, seine

15 berühmten Epen „Ilias" und „Odyssee" schrieb, die den Trojanischen Krieg und das Schicksal des Odysseus besingen, wurde die Stadt Rom gerade gegründet, deren Gründungsjahr die Sage mit 753 v. Chr. angibt. Man errichtete die Stadt auf sieben Hügeln, damit man die Schlammmassen im Tal umgehen konnte.

Mit all ihrer Gelehrsamkeit, die beachtlich war, konnten die Griechen der entstehenden

20 Vormachtstellung der Römer nur wenig entgegensetzen, obwohl sie irgendwie auch Sieger blieben, weil die Römer von den Griechen, deren Weisheit sie schätzten, lernen und ihre Kultur übernehmen wollten. Viele bedeutende Römer sprachen nicht nur vollendetes Griechisch, sondern übersetzten auch viele Werke der griechischen Philosophie und Redekunst in das Lateinische. Diese und andere Bücher über Landwirtschaft, Geografie oder Dichtkunst

25 wurden durch Vermittlung der Römer zur Grundlage der Bildung in Europa.

Mosaik mit einer Szene aus der „Odyssee" des griechischen Dichters Homer

Rechtschreibung üben

Groß- und Kleinschreibung – Nominalisierung/Substantivierung

Verben, Adjektive und Partizipien können im Satzzusammenhang als Nomen/Substantive verwendet werden und müssen entsprechend großgeschrieben werden. Vor den **nominalisierten/substantivierten Wörtern** steht häufig ein Artikel, ein Adjektiv, eine Präposition mit einem eingeschlossenen Artikel, eine Mengenangabe oder eine andere Wortart. Fehlt der Begleiter, kann man ihn ersetzen.

Beispiele: das Springen – lautes Schreien – beim Zusehen – alles Gute

1 Im Folgenden sind jeweils zwei Sätze abgedruckt. In einem Satz wird ein Verb, Adjektiv oder Partizip als Nomen/Substantiv verwendet. Schreibe die Satzpaare in der richtigen Weise ab und unterstreiche die nominalisierten/substantivierten Wörter und den Begleiter, falls vorhanden.

- Der Radiosender versprach, die Hörer über den Spielstand auf dem LAUFENDEN zu halten.
  Das LAUFENDE Spiel musste wegen starken Regens für eine Stunde unterbrochen werden.

- Wegen des schönen Wetters machen viele Menschen einen Ausflug ins GRÜNE.
  Während die Polizisten in einigen Bundesländern noch GRÜNE Uniformen tragen, sind diese in anderen durch blaue ersetzt worden.

- Der Sportverein sucht schon lange nach Trainingsräumen. Ein Vertreter der Stadt sagte heute, dass etwas GEEIGNETES gefunden wurde.
  Bei dem Sporteignungstest müssen leider viele feststellen, dass sie nicht GEEIGNET sind.

- Durch den starken Seegang waren viele Passagiere nach kurzer Zeit BLAU und GRÜN im Gesicht.
  Durch das helle GRÜN und BLAU kommt der Stoff besonders gut zur Geltung.

- Im Zoo sollten die Besucher nicht das Raubtiergehege BETRETEN.
  Das BETRETEN der Eisfläche ist gefährlich.

Zu den Adjektiven gehören auch die Ordnungszahlen (Ordinalzahlen), die wie ein Adjektiv zusammen mit dem Nomen/Substantiv gebeugt (dekliniert) werden können. Ordnungszahlen können ebenfalls nominalisiert/substantiviert werden.

2 Verfahre wie in Aufgabe 1.

- Fürs ERSTE unterbrach die Polizei die Suche nach dem Entführer.
  Das ERSTE Haus in der Straße ist die Hauptpost.

- Der Läufer lief als VIERTER ins Ziel.
  Er belegte damit den VIERTEN Platz.

- Wir verabredeten uns für den ZEHNTEN Mai.
  Wir sehen uns am ZEHNTEN des nächsten Monats.

Auch Pronomen, Kardinalzahlen (Grundzahlen), Adverbien (Umstandswörter), Präpositionen (Verhältniswörter) und Konjunktionen (Bindewörter) können zu Nomen/Substantiven werden.

3 Verfahre wie in Aufgabe 1.

- Um zu bestehen, muss er mindestens eine VIER in der Arbeit schreiben.
  Das Quartett, das zur Eröffnung spielte, bestand aus VIER Streichern.

- Die Eltern verlangen, dass die Kinder ohne WENN und ABER mit zum Besuch bei den Verwandten fahren.
  Einige Insekten sind völlig harmlos, WENN sie ABER gereizt werden, können sie sehr aggressiv werden und zustechen.

- Der Redner versuchte im FOLGENDEN, die Vorteile anschaulich aufzuzeigen.
  In den auf das Gewitter FOLGENDEN Minuten verließ aus Sorge vor weiteren Unwettern niemand das Haus.

- Nachdem der Ball mehrfach HIN und HER geschossen wurde, landete er schließlich doch im Tor.
  Der Verkäufer blieb bei dem ewigen HIN und HER der Kundin immer noch sehr geduldig.

- Das Ferienhaus muss einige Wochen im VORAUS bezahlt werden.
  In der Regel fährt der Rettungswagen dem Notarztwagen VORAUS.

- Am Ende waren die Veranstalter der Meinung, dass dem GANZEN zu viel Aufmerksamkeit beigemessen wurde.
  Am Ende der Veranstaltung waren die Organisatoren der Meinung, dass sich der GANZE Aufwand gelohnt hatte.

- Die Arbeit nahm WESENTLICH mehr Zeit in Anspruch, als ursprünglich erwartet worden war.
  Im WESENTLICHEN sind auf der Konferenz die erhofften Ziele festgelegt worden.

- Wir müssen das FÜR und WIDER einer Skifreizeit genau abwägen.
  In der Klasse sprachen einige Schüler FÜR, andere WIDER die Skifreizeit.

s-Laute

Man unterscheidet den **stimmhaften** (gesummten) und **stimmlosen** (gezischten) s-Laut. Den **stimmhaften** s-Laut schreibt man **immer** mit einfachem **s**.

Beispiel: Wie**s**e

Vor einem Konsonanten oder am Wortende wird der stimmhafte s-Laut manchmal zu einem stimmlosen s-Laut. Mithilfe der Verlängerungsprobe kann man herausfinden, ob der s-Laut ursprünglich stimmhaft ist und daher mit einfachem **s** geschrieben wird.

Beispiele: Mau**s** – Mäuse, sie ra**st** – rasen

Für den **stimmlosen** s-Laut gibt es drei Schreibweisen (**s**, **ss** oder **ß**). Nach langem betonten Vokal oder Diphthong wird der stimmlose s-Laut mit **ß** geschrieben (z. B. Ma**ß**e), nach kurzem betonten Vokal wird er häufig mit **ss** geschrieben (z. B. me**ss**en).

1 Setze in die folgenden Texte die passenden s-Laute ein.

Sylvia Englert (geb. 1970)
Schreib'   doch einfach auf!

Sich gro   e Mengen von Informationen zu merken fällt nicht leicht – die Lö   ung ist, sie

schriftlich aufzuzeichnen. Erste Schreibversuche finden sich schon auf den Wänden von

Höhlen, in denen die Vorfahren des Homo sapiens hausten. Al   die Indianer Amerika

be   iedelten, benutzten sie als Gedächtni   stütze für ihre überlieferten Geschichten

5 comicartige Folgen von kleinen Bild   ymbolen (Piktogramme), die sie auf Birkenrinde

zeichneten. In Ägypten schrieb man mit Pin   eln und Ru   -Tinte auf Papyrus, in

Me   opotamien drückte man ein spitze   Stöckchen in Tontafeln und hatte dafür schon

eine abstrakte Schriftsprache erfunden, die Keilschrift. Im alten Rom benutzte man,

wenn'   schnell gehen sollte, Wach   täfelchen.

10 In Rom konnten sich die Bürger übrigen   schon sehr früh über Tage   ereigni   e

informieren: Die sogenannte „Acta Diurna", eine Art frühe Zeitung, wurde an öffentlichen

Plätzen ausgehängt. Allerdings war sie eine eher langweilige Lektüre, etwa so wie das

„Amt   blatt" heute. Zu den echten Vorläufern der heutigen Pre   e zählten die privaten

Briefe von Händlern, Profe   oren und Fürsten; Kaufleute waren eine Art wandelnde

15 Nachrichtenquelle. Auch Flugblätter gab es, auf denen aber mei   t nur eine Nachricht

verkündet wurde.

Die gesprochene Sprache aufzuschreiben stellte sich als gute Idee heraus, denn nun konnte

man sie auch transportieren. Jetzt war es möglich, sich über weite Strecken mitzuteilen: In

Ägypten verbreiteten kleine Tontäfelchen die Nachricht von der Krönung des Pharao Ramses II.

20 Julius Caesar nutzte Botentauben, um Gallien unter Kontrolle zu halten. In Afrika und Südamerika benutzen manche Völker heute noch die „Nachrichtentrommel": Mit ihr kann man
sich in unüber   ichtlichem Gelände über mehrere Kilometer Entfernung die neue   ten
Ereigni   e mitteilen.

Wer schreiben konnte, hatte Macht – das war damal   in allen Ländern so. Oft beherrschten
25 nur Priester die   e schwierige Kunst, und auch in Mitteleuropa waren es die Mönche, die
als Gelehrte Wi   en bewahrten. In Ägypten waren Schreiber hoch geschätzte Fachleute, die
wegen der vielen komplizierten Symbole eine lange Au   bildung in ihrem Beruf brauchten.
Im Auftrag des Pharao produzierten sie flei   ig Gericht   protokolle, Briefe, Rechnungen
und Verträge.

30 Obwohl das Wort „Papier" von der ägyptischen Pflanze Papyrus abgeleitet ist, wurde das,
wa   wir heute als Papier kennen, in China erfunden und verbreitete sich er   t im 13.
Jahrhundert in Mitteleuropa. Zu die   er Zeit konnten die mei   ten Deutschen, bi
hin zum Adel, nicht le   en und schreiben. Sogar viele Könige unterschrieben mit einem
Kreuz. Al   o übermittelte man Informationen mithilfe von Bildern: Wer die Bibel nicht
35 le   en konnte, der schaute sich die Bilder in den Kirchenfen   tern oder Wandmalereien
an und reimte sich so die Geschichte der Kreuzigung zusammen. Deutsch le   en zu
können nützte lange Zeit auch nicht gerade viel: In Deutschland waren die mei   ten Texte
bi   zum 15. Jahrhundert lateinisch geschrieben. (2002)

Comic

Hinter dem un   allen so geläufigen, au   dem Amerikanischen stammenden Begriff
„Comic" steckt das deutsche Wort „Bildergeschichte", eine Geschichte al   o, die ohne viele
Worte einfach in Bildern dargestellt bzw. nacherzählt wird. Die   e Methode ist eigentlich
schon uralt. Den Vorgängern un   erer modernen Comics begegnet man an den Tempel-
5 wänden der alten Ägypter mit den Darstellungen ganzer Schlachten oder Jagdzüge und
eben   o an den Wänden mittelalterlicher Kirchen, wo biblische Geschichte und Legenden
für jene Menschen dargestellt wurden, die nicht le   en konnten („Bibel der Armen"). Auch
die Bildtafeln, wie sie früher einmal die Bänkel   änger auf den Jahrmärkten verwendeten,
um ihre traurigen Moritaten zu erzählen, gehören zu den Vorformen des Comics. Die gezeich-
10 neten Bildergeschichten in Büchern kamen vor etwa 150 Jahren in der Schweiz auf, bald
danach folgten die bekannten Bildergeschichten in den „Fliegenden Blättern" oder den

„Münchner Bilderbogen". Mit Wilhelm Busch
erreichten die   e Serien einen er   ten künstlerischen Höhepunkt. Die frühen Bildergeschich-

„Max und Moritz" von Wilhelm Busch

15 ten kannten das Prinzip der Sprechbla   en noch
nicht, sie hatten entweder gar keinen Text oder eine
erläuternde Unterschrift. Die Comics in der heutigen Form stammen ursprünglich au   den USA,
wo sie um 1900 in den Sonntag   beilagen
20 gro   er Zeitungen als „lu   tige Bilderstreifen"
(comic strips) auftauchten, erst ohne Text und
Sprechbla   en, dann aber bald in der un
gewohnten Gestalt. [...] In den modernen Comics
sollen die Bilder selbst sprechen. Worte, Geräusche
25 und Gedanken werden in Sprech- und
Denkbla   en eingeschlo   en. Wie die Dichter
ver   uchen auch die Zeichner, den Betrachter in
das Geschehen mit einzubeziehen. Die   gelingt dem Zeichner er   t, wenn der Le   er
des Comics die Bildersprache verstehen lernt, um die Gefühle der handelnden Personen
30 eben   o wie ihre Charaktere au   den gezeichneten Ge   ichtern able   en zu
können. Um der Verständlichkeit willen kommt e   daher vielfach zu vereinfachender
Typi   ierung und Schemati   ierung. Das Geschehen selbst wechselt zwischen
„Gro   aufnahmen" (z. B. einzelne Ge   ichter) und „Szenenaufnahmen". [...]
Der ungebrochene Erfolg der Comics liegt in der Suche nach bequemer Entspannung, Ablen-
35 kung und Abenteuer. Ähnlich wie bei den Märchen spielt die Sehn   ucht, hier Wunschträume erfüllt zu sehen, eine Rolle. Läng   t haben de   halb gro   e Comic-Produzenten
eigene Marktforscher und sogar Psychologen angestellt, die solche Le   erträume und
-wünsche sehr genau unter   uchen und nicht   , kein Motiv, keinen Namen, ja nicht
einmal die Farben, dem Zufall überla   en.
40 (Auszug aus einem Lexikonartikel)

Merke: Nomen/Substantive mit der Endung **-nis**, **-is**, **-as** und **-us** werden im Singular immer mit einfachem **s** geschrieben. Im Plural steht jedoch **ss**, falls der s-Laut bei der Pluralbildung erhalten bleibt. Vor allem Fremdwörter auf **-us** weisen häufig für das Deutsche unübliche Pluralformen auf.

Beispiele: Ärgernis – Ärgernisse
Kürbis – Kürbisse
Atlas – Atlasse *oder* Atlanten
Organismus – Organismen **(!)**

2 Bilde zu den folgenden Verben und Adjektiven Nomen/Substantive auf *-nis*. Schreibe jeweils die Singular- und Pluralform auf:

wagen: _Wagnis, Wagnisse_   hindern: _____

erleben: _____   verhängen: _____

sich ereignen: _____ geheim: _____

finster: _____   wild: _____

Zusammen- und Getrenntschreibung

Die folgende Übersicht enthält wichtige Regeln zur **Zusammen- und Getrenntschreibung**. Wenn du dir beim Schreiben unsicher bist, kannst du dort nachschauen. Du solltest im Zweifelsfall jedoch immer auch ein Wörterbuch zurate ziehen.

I.   Verbindungen aus einer Präposition oder einem Adverb und einem Verb

1. Präpositionen oder Adverbien (und weitere Wortarten) können mit Verben verbunden werden. Diese Verbindungen werden oft zusammengeschrieben. Häufig liegt die Betonung bei diesen Zusammensetzungen auf dem ersten Wortbestandteil.
Beispiele: ankommen, vorauslaufen, rückwärtsgehen, auseinandersetzen, zusammenstellen, hingefahren, ausgelaufen, zurückgeholt, zusammengetreten

1.1 Die Zusammenschreibung gilt auch, wenn im Satzzusammenhang **zwischen** die Wortbestandteile die Partikel **zu** eingefügt wird.
Beispiel: Er hatte die Absicht, rechtzeitig **anzukommen**. (Infinitiv: ankommen)
aber:

1.2 Er hatte die Absicht, rechtzeitig **zu kommen**. (Infinitiv: kommen)
Sie versuchte, die Straße **zu überqueren**. (Infinitiv: überqueren)

II.   Verbindungen aus einem Nomen/Substanitv und Verb

2. Verbindungen aus einem **Nomen** und einem **Verb** werden in der Regel getrennt geschrieben.
Beispiel: Im Urlaub möchte ich **Ski laufen**.

3. Wenn eine Verbindung aus einem Nomen und einem Verb **wie ein Adjektiv** gebraucht wird und z. B. als Attribut ein Nomen näher bestimmt, kannst du entscheiden, ob du getrennt schreibst oder zusammenschreibst.
Beispiel: **Bagger fahrende/baggerfahrende** Männer

4. In einigen Fällen bilden ein ursprüngliches Nomen und ein Verb eine Zusammensetzung, weil das Nomen **nicht mehr als eigenständiges Wort** angesehen wird.
   Beispiele: leidtun, eislaufen, kopfstehen, heimkommen

III. Verbindungen mit dem Hilfsverb *sein*

5. Verbindungen mit dem **Hilfsverb *sein*** werden immer getrennt geschrieben.
   Beispiele: Gegen 12.00 Uhr wird sie **da sein**. Zuvor ist sie noch nie **da gewesen**.

IV. Verbindungen aus zwei Verben

6. **Verbindungen aus zwei Verben** werden in der Regel **getrennt** geschrieben.
   Beispiel: Möchtest du mit mir **joggen gehen**?

7. Verbindungen mit den Verben **lassen** und **bleiben** können dann zusammengeschrieben werden, wenn sich eine neue, übertragene Bedeutung ergibt. Auch bei der Verbindung **kennen lernen/kennenlernen** ist die Schreibweise freigestellt.
   Beispiel: Leider ist Paul im letzten Schuljahr **sitzen geblieben/sitzengeblieben**.

V. Verbindungen aus einem vorangestellten Adjektiv und einem Verb

8. Verbindungen aus einem **vorangestellten Adjektiv und einem Verb** werden meistens getrennt geschrieben.
   Beispiele: langsam gehen, laut rufen, himmlisch schmecken

9. Zusammenschreiben musst du jedoch, wenn Adjektiv und Verb eine **neue, übertragene Bedeutung** ergeben.
   Beispiele: Der Angeklagte wurde im Prozess **freigesprochen**. (Aber: bei einem Referat frei sprechen!)
   Ich hätte mich **kranklachen** können!

10. Verbindungen aus einem Verb und einem vorangestellten Adjektiv können sowohl zusammen- als auch getrennt geschrieben werden, wenn das Adjektiv ein Ergebnis des im Verb ausgedrückten Vorgangs bezeichnet.
    Beispiel: Hast du den Schlüssel **kaputtgemacht/kaputt gemacht**?

Grundregeln

1 Welche der zuvor genannten Regeln musst du bei der Schreibweise der fett gedruckten Ausdrücke anwenden? Schreibe die passende Ziffer in die Klammer dahinter.

- Wenn du um 14.00 Uhr **zurück bist** (5), haben wir noch genügend Zeit für ein Beratungsgespräch.

- Weil Pauline im Urlaub sehr viel **Fahrrad fahren** (   ) will, bringt sie ihr Rad zum Händler, um es kontrollieren zu lassen.

- Vor nahezu 3 000 Jahren begannen die Griechen damit, Theaterstücke **aufzuschreiben** (   ) und auf speziellen Bühnen **aufzuführen** (   ).

- Die **Stahl erzeugende/stahlerzeugende** (   ) Industrie gehört in China zu den Wachstumsbranchen.

- Es ist nicht ratsam, von dem Mauervorsprung **herunterzuspringen** (   ).

- Solltest du mich noch einmal einfach so **stehen lassen/stehenlassen** (   ), kündige ich dir die Freundschaft auf.

- Adjektive und Adverbien werden **kleingeschrieben** (   ).

- In welchem Alter hast du **lesen gelernt** (   )?

- Schülerinnen und Schüler, die am Wandertag **eislaufen** (   ) oder **Ski fahren** (   ) wollen, müssen sich in eine gesonderte Liste eintragen.

- Jule ist es nicht **schwergefallen** (   ), sich bei ihrem Freund zu entschuldigen.

- Paul ist bei dem Wettkampf leider **schwer gestürzt** (   ).

- Auf eine definitive Aussage ließ er sich nicht **festnageln** (   ).

- Das Schnitzel war so groß, dass er seinen Teller nicht **leeressen/leer essen** (   ) konnte.

- Darüber sollten wir uns noch einmal **auseinandersetzen** (   ), um die Sachlage abschließend **zu klären** (   ).

2 Trage die in Klammern gesetzten Verbindungen in der richtigen Form in die Lücken ein. In einigen Fällen gibt es zwei Möglichkeiten.

- _____ (FLEISCHFRESSEN) Pflanzen wachsen in den

  Tropen, einige Sorten gibt es jedoch auch in unseren Regionen zu kaufen.

- Mit einem Spezialschwamm kannst du dein Fahrradgestänge

  _____ (BLANKPUTZEN).

- Der Ätna gehört zu den Vulkanen, die immer wieder

  _____ (FEUER SPEIEN).

- Das, was sie gemacht hat, sollte ihr _____ (LEIDTUN).

- Wenn du zu lange ungeschützt in der Sonne _____

  (LIEGENBLEIBEN), kannst du deine Haut dauerhaft schädigen.

- In ca. einer Stunde werde ich mit den Hausaufgaben _____

  (FERTIGSEIN), dann können wir _____ (EISESSEN).

- Wenn du bei einem Referat _____ (FREISPRECHEN), ist

  dir die Aufmerksamkeit des Publikums eher gewiss, als wenn du alles abliest.

- Wenn alles _____ (VORBEISEIN), werde ich ein paar

  Tage ausspannen.

- Im klassischen Griechenland saßen die Zuschauer auf

  _____ (ANSTEIGEN) Stufen, die das Bühnenhaus im

  Halbrund _____ (UMSCHLIEßEN).

- Das Gerät ließ sich nur sehr schwer _____ (HANDHABEN),

  deshalb beschloss sie, es _____ (ZURÜCKGEBEN).

- Marta hatte im Urlaub einen netten Jungen aus Griechenland

  _____ (KENNENLERNEN), deshalb wäre sie gern noch

  eine Woche länger geblieben.

- Seine Eltern haben ihm verboten, so lange _____ (FERNSEHEN).

- Wiederholt versuchte er, ihr Vertrauen _____ (WIEDER-
  GEWINNEN).

Verbindungen mit der Partikel *so*

Verbindungen mit der Partikel **so** werden zusammengeschrieben, wenn es sich um **Konjunktio-nen** handelt, die einen Glied-/Nebensatz einleiten. Dazu gehören: **sobald, sofern, soweit, solange, soviel, sosehr, sodass** (auch: so dass). In diesem Fall ist der zweite Wortbestandteil deutlich betont.

Beispiele:

                      Konjunktion
Ich komme, **sobald** (wenn) es dunkel wird.
  Hauptsatz   Gliedsatz/Nebensatz

                          Konjunktion
Sinem kommt auch, **sofern** (falls) sie mit den Hausaufgaben fertig ist.
    Hauptsatz   Gliedsatz/Nebensatz

In vielen anderen Fällen, in denen die Verbindung die Aufgabe einer adverbialen Bestimmung hat, wird getrennt geschrieben.

Beispiele: Er lief **so lange**, bis man ihn nicht mehr sehen konnte.
                Sie kommt **so bald** nicht nach Hause.
                So weit solltet ihr nicht gehen, dass schließlich keiner mehr etwas mit euch zu tun haben möchte.

Die Verbindung **so genannt/sogenannt** kannst du getrennt oder zusammenschreiben.

Beispiel: Auf deine **so genannte/sogenannte** Hilfe kann ich verzichten.

1 Entscheide, ob es sich bei den fett gedruckten Ausdrücken um eine Konjunktion (**K**), die zusammengeschrieben wird, oder um eine getrennt geschriebene adverbiale Bestimmung (**A**) handelt. Trage die passenden Buchstaben in die Kästchen ein. Versieh die Gliedsätze/ Nebensätze, die mit einer Konjunktion wie *sofern, soweit, sobald* eingeleitet werden, mit einer Wellenlinie.

- Die Sache liegt mir **so fern** ☐, dass ich mich damit gar nicht beschäftigen möchte.

- **Sofern** ☐ mein Taschengeld es zulässt, komme ich mit ins Kino.

- Er wird, **soweit** ich weiß, **so bald** nicht wieder mitspielen können.

- Kannst du nicht **so lange** warten, bis dein Mitschüler die Arbeit beendet hat?

- Ich werde bei dir bleiben, **solange** es dir nicht gut geht.

- Paul aß **so viel** , dass er zu platzen drohte.

- Er arbeitete stundenlang, **sodass** er Kopfschmerzen bekam.

- Unser Mittelstürmer ist, **soviel** ich weiß, am Samstag wieder einsatzbereit.

- Er bemühte sich **so sehr** , dass er rot anlief.

- Er wird, **sosehr** es mich freuen würde, die Prüfung nicht bestehen.

Texte zum Üben

1 Übertrage die folgenden Texte in der richtigen Form in dein Heft.

Welche Religion hatten die alten Griechen?

Im antiken Griechenland wurden Götter verehrt, die angeblich auf dem Berg Olymp wohnten. Man brachte ihnen viele Opfer, um sie GNÄDIGZUSTIMMEN und um das Wohlergehen des Staates ZUSICHERN. Die Götter

5 waren allmächtig(,) und für einen Sterblichen gab es keine größere Sünde als den Hochmut, sich auf die gleiche Stufe wie die Götter ZUSTELLEN (Hybris). Da die Zukunft in den Händen der Götter lag, konnten sie auch VORAUSSAGEN, was den Menschen BEVORSTAND . Um die Zukunft

10 ZUERFAHREN, befragte man Orakel. Das berühmteste Orakel befand sich in Delphi. Im Zentrum des Tempels gab es eine Öffnung, aus der manchmal vulkanische Dämpfe AUFSTIEGEN. Alles, was die inmitten dieser Dämpfe sitzende Priesterin sagte, hielt man für die Worte des Gottes

15 Apoll.

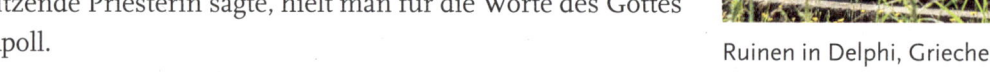

Ruinen in Delphi, Griechenland

Was berichtet die Sage vom Minotaurus?

Eine interessante kretische Sage rankt sich um den SOGENANNTEN Minotaurus, einen Königssohn, der halb Stier, halb Mensch war. Aus Scham hielt der König Minos ihn in einem unterirdischen Labyrinth versteckt, das der erfinderische Dädalus unter dem Palast des Königs gebaut hatte. Die Bezeichnung Labyrinth ist ABGELEITET von „labrys", einer doppelschneidi-

5 gen Axt, die zwei Hörner hatte, genau wie die Stiere, die damals SOOFT den Göttern geopfert wurden, um diese gnädig ZUSTIMMEN. Überall auf Kreta stößt man auf das Hörnermotiv(,) und selbst die Zinnen des Palastes haben diese Form.

Manchmal konnte man das Monstrum in dem unterirdischen Labyrinth brüllen und gegen die Wände RENNENHÖREN, SOFERN man der Sage GLAUBENSCHENKT. Wahrscheinlich

10 versuchte man, auf diese Weise das Grollen und die Erdstöße der bei den Inselbewohnern so gefürchteten Erdbeben ZUERKLÄREN.

Wie wurden die Mumien im alten Ägypten konserviert?

Im alten Ägypten wurden die Körper wichtiger Personen nach ihrem Tod EINBALSAMIERT (mumifiziert), um ihnen ein Leben nach dem Tod ZUERMÖGLICHEN. Die meisten Organe wurden entfernt, SODASS der Verwesungsprozess nicht beginnen konnte. SOBALD dieses geschehen war, wurde die Leiche mit aromatischen Desinfektionsmitteln ABGERIEBEN.
5 Dann wurde sie von Kopf bis Fuß in WOHLRIECHENDE Tücher gehüllt und in einen prunk-vollen Sarkophag (Sarg) gelegt.
Als Grabstätten für die damaligen Könige dienten die Pyramiden. Der ägyptischen Religion zufolge reichte es jedoch nicht aus, den Körper ZUERHALTEN, auch ein langwieriges Ritual musste AUSGEFÜHRT werden, damit wirklich SICHERGESTELLT war, dass der Tote in der
10 anderen Welt WEITERLEBEN würde.

2 Diktiert euch abschließend einen von euch ausgewählten Text.

Rechtschreibung – Fremdwörter

In die deutsche Sprache wurden immer schon Wörter aus anderen Sprachen übernommen und mit der Zeit in eingedeutscher Form geschrieben. So wurde aus dem Bureau ein Büro, aus dem Friseur der Frisör.
Im Zuge der Rechtschreibreform von 2006 können nun einige **Fremdwörter** sowohl in ihrer ursprünglichen als auch in der eingedeutschten Form geschrieben werden.
Dies gilt u. a. für folgende Beispiele:

● In einigen gebräuchlichen Fremdwörtern mit **ph, th, rh** und **gh** kann das h wegfallen.

Neue Schreibweise	Alte Schreibweise
Grafit	Graphit
Delfin	Delphin
Tunfisch	Thunfisch
Spagetti	Spaghetti
Panter	Panther
Jogurt	Joghurt

● Gebräuchliche Fremdwörter mit den Silben **phon, phot** und **graph** wurden weitgehend an die deutsche Lautsprache angeglichen. Diese Wortbestandteile können durch **fon, fot** und **graf** ersetzt werden.

Neue Schreibweise	Alte Schreibweise
Fotografie	Photographie
Geografie	Geographie
Saxofon	Saxophon
Grafik	Graphik
Mikrofon	Mikrophon

1 Löse das folgende Kreuzworträtsel. Setze die Wörter nur in der neuen Schreibweise ein.

waagerecht:

2 Musikinstrument

3 Bild, das man mit einer
   Kamera macht

4 In Zoos sehr beliebtes
   Meerestier

7 Gerät, durch das Töne
   übertragen werden können

8 dieses Meerestier wird oft für
   Salat verwendet

9 spezielle Art einer Zeichnung

10 Milchprodukt

senkrecht:

1 Lehre von der Erde

2 italienisches Gericht

5 Raubtier

6 ein Mineral

Zahlreiche Wörter, die wir täglich verwenden, stammen aus dem Englischen oder sind der englischen Sprache nachgebildet. Ihre Schreibweise richtet sich häufig nach der Ursprungssprache.

2 Ordne die folgenden Wörter in die entsprechende Spalte der Tabelle ein.

DVD-Player • Cheeseburger • Hobby • Handy • Steak • Cocktail • Inlineskates • Software •
Laser • Ketchup (auch: Ketschup) • online • Fitness • Basketball • Fast Food • Toast • Hockey
• Monitor • Rugby • Laptop • Dinner • Badminton

Sport/Freizeit	Technik	Essen/Trinken

Da es keine einheitliche Regel für die Schreibweise von Fremdwörtern gibt, solltest du im Zweifelsfall immer in einem Wörterbuch nachschauen. Das Wörterbuch gibt dir über die Schreibweise hinaus noch weitere Hinweise, z. B. zum Genus, zur Herkunft und zur Bedeutung des Wortes.

3 In dem Wörterversteck findest du insgesamt neun Fremdwörter mit *Re* am Anfang. Übertrage die Tabelle in dein Heft und fülle sie mithilfe des Wörterbuchausschnitts auf S. 108 aus. Die Abkürzungen für die Herkunft der Fremdwörter bedeuten: lat. – aus dem Lateinischen; engl. – aus dem Englischen; frz. – aus dem Französischen.

Fremdwort	Bedeutung	Genus	Herkunft

D	F	R	H	L	O	P	Ä	G	T	D	V	H	K	L	O
A	Q	E	G	U	K	L	Ö	P	D	F	R	T	H	N	M
R	E	V	I	S	O	R	S	D	R	T	Z	H	N	V	F
W	E	U	S	R	E	T	H	N	M	K	L	U	I	M	L
S	D	E	D	E	W	A	C	B	H	U	I	O	L	Ö	G
F	R	D	R	D	D	R	V	D	W	E	T	U	I	K	L
G	E	G	E	G	F	E	G	D	E	S	B	M	L	Ö	D
U	V	B	Z	R	E	V	O	L	U	T	I	O	N	Ä	R
F	I	N	E	B	S	O	E	G	B	N	U	R	D	E	R
R	T	J	P	F	E	L	S	D	R	T	H	E	K	L	E
O	A	I	T	G	V	V	S	E	G	F	T	Z	H	U	V
Z	L	U	I	H	I	E	C	E	S	D	F	E	H	J	O
E	I	K	O	J	R	E	Z	E	P	T	G	N	C	V	L
N	S	N	N	D	N	D	B	N	K	L	Ö	S	T	D	T
S	I	K	K	V	F	Z	B	N	K	L	Ö	I	W	E	E
I	E	L	H	R	E	Z	I	T	A	T	I	O	N	D	B
O	R	Ö	K	N	D	W	E	R	T	Z	H	N	V	E	H
N	U	T	L	M	S	X	E	D	G	B	J	L	P	T	D
T	N	D	H	D	E	A	D	G	T	R	U	I	P	I	O
D	G	E	N	S	T	D	G	T	H	K	L	Ö	P	T	N

Revisor

Re|vi|sor [-vi̱-] *m. Gen.* -s *Pl.* -so̱ren **1.** Korrektor, der Revision (3) liest **2.** Buch-, Rechnungsprüfer

Re|vi|ta|li|sie|rung [-vi-] *f. 10* Erholung nach einer Krankheit

Re|vi|val [rɪvaɪvəl, engl.] Wiederbelebung, Erneuerung

Re|vo|ka|ti|on [-vo-, lat.] *f. 10* Widerruf, Rücknahme (eines Auftrags)

Re|voke [rɪvoʊk, engl.] *f. Gen.* - *Pl.* -s, *Kartenspiel:* falsches Bedienen

Re|vol|te [-vɔl-, frz.] *f. 11* Aufruhr, Aufstand

re|vol|tie|ren [-vɔl-] *intr. 3*

Re|vo|lu|ti|on [-vo-] *f. 10* **1.** Umsturz, Umwälzung **2.** *Astron.:* Gestirnumlauf **3.** Gebirgsbildung **4.** *Skat:* Solospiel

re|vo|lu|ti|o|när [-vo-]

Re|vo|lu|ti|o|när [-vo-] *m. 1* jmd., der eine Revolution hervorruft oder an einer R. teilnimmt

re|vo|lu|ti|o|nie|ren [-vo-] *tr. 3* grundlegend umwandeln

Re|vo|lu|ti|ons|tri|bu|nal [-vo-] *n. 1, in der Frz. Revolution:* außerordentl. Gerichtshof

Re|vo|luz|zer [-vo-] *m. 5, abwertend für* Revolutionär

Re|vol|ver [-vɔlvər, lat.-engl.] *m. 5* **1.** Handfeuerwaffe mit Trommelmagazin **2.** drehbare Einspannvorrichtung (für Werkzeuge, Optiken o. Ä.)

Re|vol|ver|blatt [-vɔlvər-] *n. 4, ugs.:* Sensationszeitung

Re|vol|ver|dreh|bank [-vɔlvər-] *f. 2* Drehbank mit Revolver (2)

Re|vol|ver|held [-vɔlvər-] *m. 10, ugs., abwertend:* jmd., der (mit einer Waffe) den Helden spielt

Re|vol|ver|pres|se [-vɔlvər-] *f. 11 nur Sg., ugs.:* Sensationspresse

Re|vol|ver|schnau|ze [-vɔlvər-] *f. 11, ugs.* **1.** freches Mundwerk **2.** jmd., der unaufhörlich redet

re|vol|vie|ren [-vɔlvi̱-] *tr. 3, Techn.:* zurückdrehen

Re|vol|ving|kre|dit [rɪvɔlvɪŋ-] *m. 1* **1.** Kredit, der laufend erneuert wird **2.** langfristiger Kredit, der durch aneinander anschließende kurzfristige Kredite gedeckt wird

re|vo|zie|ren [-vo-, lat.] *tr. 3* widerrufen; sein Wort r.: zurücknehmen; einen Antrag vor Gericht r.: zurückziehen

Re|vue [-vy̱-, frz.] *f. 11* **1.** *frz. Bez. für* Überblick, Rundschau (oft Titel von Zeitschriften) **2.** Bühnenstück mit Musik, Tanz und

großer Ausstattung **3.** *veraltet:* Truppenschau; R. passieren lassen *übertr.:* (im Geist) an sich vorbeiziehen lassen

Re|vue|film [-vy̱-] *m. 1* Film in der Art einer Revue (2)

Re|vue|girl [-vy̱gœːl] *n. 9* Tänzerin in einer Revue (2)

Rex [lat.] **1.** *m. Gen.* - *Pl.* Re̱ges [-geːs] König **2.** *m. Gen.* - *Pl.* -e, *Schülerspr.:* Rektor

Reyk|ja|vík [raɪkjaviːk, amtl.: rɛɪk-] Hauptstadt von Island

Rey|on *auch:* **Re|yon**, Rayon [rɛjõ̱ː, engl.-frz.] *m. oder n. Gen.* - *nur Sg.* eine Kunstseide

Re|zen|sent [lat.] *m. 10* Verfasser einer Rezension

re|zen|sie|ren *tr. 3;* ein Buch, Theaterstück, einen Film r.: eine Kritik darüber schreiben

Re|zen|si|on *f. 10* **1.** krit. Besprechung (neuer Bücher, Theateraufführungen, Filme usw.) **2.** Bearbeitung eines Textes (zur Neuausgabe)

Re|zen|si|ons|ex|em|plar *auch:* **Re|zen|si|ons|ex|em|plar** *n. 1* Buch, das einem Kritiker gratis zur Besprechung überlassen wird

re|zent [lat.] **1.** *Biol., Ethnologie:* in der Gegenwart (noch) lebend; *Ggs.:* fossil **2.** *Geol.:* in jüngerer Erdzeit entstanden (Gestein) **3.** *schweiz.:* scharf, salzig

Re|zept [lat.] *n. 1* **1.** Kochanleitung **2.** ärztl. Verordnung **3.** *übertr.:* Vorschlag zum Vorgehen, zum Handeln

Re|zep|ta|ku|lum *n. Gen.* -s *Pl.* -la **1.** *Bot.:* Blütenboden **2.** *Zool.:* sackförmiger Behälter (z. B. zur Aufnahme von Spermien)

Re|zept|block *m. 9*

re|zept|frei

re|zep|tie|ren *tr. 3;* ein Medikament r.: ein Rezept über ein M. ausstellen

Re|zep|ti|on [lat.] *f. 10* **1.** Übernahme, Aufnahme, Empfang **2.** Empfangsraum (im Hotel)

re|zep|tiv **1.** (nur) aufnehmend **2.** empfänglich

Re|zep|ti|vi|tät [-vi-] *f. 10 nur Sg.* Empfänglichkeit (für Eindrücke)

Re|zep|tor *m. 13 meist Pl.* nervöses Organ zur Aufnahme von Reizen

re|zep|to|risch

re|zept|pflich|tig

Re|zep|tur *f. 10* **1.** Herstellung eines Medikaments nach Rezept **2.** Vorschrift für das Zusammen-

stellen und Mischen von Chemikalien **3.** *in Apotheken:* Raum zur Arzneimittelherstellung

Re|zess [lat.] *m. 1* Auseinandersetzung, Vergleich; Vertrag

Re|zes|si|on *f. 10* Rückgang (des wirtschaftl. Wachstums)

re|zes|siv von anderen Erbfaktoren (ganz oder teilweise) überdeckt; *Ggs.:* dominant

Re|zes|si|vi|tät [-vi-] *f. 10 nur Sg.; Ggs.:* Dominanz

re|zi|div [lat.] *Med.:* rückfällig

Re|zi|div *n. 1, Med.:* Rückfall

re|zi|di|vie|ren [-vi̱-] *intr. 3* wieder auftreten

Re|zi|pi|ent [lat.] *m. 10* **1.** Glasglocke, die luftleer gepumpt werden kann **2.** Empfänger (einer Nachricht) **3.** derjenige, an den sich ein (Kunst-)Werk richtet, Betrachter, Zuhörer, Leser

re|zi|pie|ren *tr. 3* auf-, übernehmen

re|zi|prok *auch:* **re|zip|rok** [lat.] **1.** aufeinander bezogen, wechselseitig **2.** umgekehrt; reziproker Wert: Wert, der durch Vertauschen von Zähler und Nenner eines Bruches entstanden ist, Kehrwert

Re|zi|pro|zi|tät *auch:* **Re|zip|ro|zi|tät** *f. 10* Wechsel-, Gegenseitigkeit, Wechselbeziehung

Re|zi|tal *n. 9* = Recital

re|zi|tan|do = recitando

Re|zi|ta|ti|on [lat.] *f. 10* künstlerischer Vortrag (von Gedichten u. Ä.)

Re|zi|ta|ti|ons|ton *m. 2 nur Sg.* Singweise nach Art des Rezitativs

Re|zi|ta|tiv *n. 1* Sprechgesang (in Oratorien, Opern u. a.)

re|zi|ta|ti|visch [-vɪʃ] in der Art eines Rezitativs

Re|zi|ta|tor *m. 13* Vortragskünstler

re|zi|ta|to|risch in der Art einer Rezitation

re|zi|tie|ren *tr. 3* künstlerisch vortragen

rf., rfz. *Abk. für* rinforzando

Rgt. *Abk. für* Regiment (2)

RGW *Abk. für* Rat für gegenseitige Wirtschaftshilfe (bis 1991); vgl. COMECON

rh *Abk. für* Rhesusfaktor (negativ)

Rh 1. *Abk. für* Rhesusfaktor (positiv) **2.** *chem. Zeichen für* Rhodium

Rha|bar|ber [griech.-ital.] *m. 5* eine Heil- und Nutzpflanze

R

Viele Fachbegriffe, die du für die Analyse literarischer Texte brauchst, stammen aus anderen Sprachen, meist aus dem Griechischen oder Lateinischen. Du solltest diese Begriffe richtig schreiben können.

4 Löse das folgende Silbenrätsel. Wenn du dir unsicher bist, schau auf S. 42 dieses Arbeitsheftes nach.

> a · al · an · bol · el · fi · ka · le · li · lip · lis · me · mus · na · ni · pa · per · pher · pher ·
> ra · ral · se · se · so · sym · ta · te · the · ti · tion · tion

1. Mehrere Wörter beginnen mit dem gleichen Anfangsbuchstaben:

_____

2. Mehrere Sätze oder Satzteile beginnen mit dem gleichen Wort/den gleichen Wörtern:

_____

3. Auslassung von Satzgliedern, die man gedanklich leicht ergänzen kann:

_____

4. Inhaltliche Gegenüberstellung von Gedanken und Begriffen:

_____

5. Sprachliches Bild, das durch Übertragung eines Begriffs in einen anderen Bereich entsteht, verkürzter Vergleich:

_____

6. Mehrere Sätze oder Satzteile haben einen parallelen Satzbau:

_____

7. Dinge, Tiere oder allgemeine Begriffe werden vermenschlicht:

_____

8. Ein konkreter Gegenstand (oder eine Handlung), der (die) neben seiner offensichtlichen eigentlichen Bedeutung noch eine übertragene, abstraktere Bedeutung hat:

_____

Die Zeichensetzung

Kommasetzung bei Satzreihen

1. Eine Aufzählung von mehreren vollständigen Hauptsätzen bezeichnet man als **Satzreihe**. Die Hauptsätze können durch ein Komma abgetrennt werden, wenn sie inhaltlich eng zusammengehören und die Trennung durch ein Satzschlusszeichen vom Schreiber als zu stark empfunden wird.
   Beispiel: Die Kommasetzungsregeln sind gar nicht so schwer, es kommt nur auf die richtige Anwendung an.

2. Vor Konjunktionen wie *aber, sondern, doch, jedoch*, die einen **Gegensatz** ausdrücken, steht ein Komma.
   Beispiel: Die Theorie ist häufig ganz einfach, doch die Praxis ist manchmal ganz schön kompliziert.

3. Vor **nebenordnenden Konjunktionen** wie *und, oder, sowohl ... als auch* muss kein Komma stehen. Man kann es aber setzen, um die Lesbarkeit des Satzes zu erleichtern.
   Beispiel: Die Schüler haben sich intensiv mit den Zeichensetzungsregeln beschäftigt (,) und sie sehen dem Test am nächsten Morgen mit Gelassenheit entgegen.

1 Entscheide, ob in den folgenden Beispielsätzen ein Komma stehen muss. Trage anschließend die fehlenden Kommas ein. Schreibe hinter den Satz die Nummer der Regel (s. Infokasten), die auf die Kommasetzung zutrifft.

Mit der Schule in Ungarn

- In diesem Schuljahr habe ich am Austauschprogramm meiner Schule teilgenommen meine Austauschgruppe ist dabei nach Ungarn gefahren. (   )

- Das war mein erster Besuch in Ungarn aber es wird bestimmt nicht mein letzter Besuch gewesen sein. (   )

- Ganz besonders erfreut waren wir alle von der außergewöhnlichen Herzlichkeit unserer Gastgeber und auch von der Schönheit des Landes waren wir immer wieder angetan. (   )

- Jeder Tag bot eine neue Überraschung und ein neues Ausflugsziel doch die Besuche in den Thermalbädern waren die Höhepunkte der Fahrt. (   )

- Mitten in wunderschönen Landschaften gelegen sprudelt warmes Wasser aus dem Boden und man kann sich einfach in die Becken legen und das warme Wasser und die Landschaft gleichzeitig genießen. (   )

- Alle Schüler waren beim Abschied auf dem Bahnhof sehr traurig aber zum Glück gibt es noch einen Gegenbesuch unserer neu gewonnenen Freunde aus Ungarn. (   )

Kommasetzung in einfachen Satzgefügen

1 Trage in den folgenden Sätzen die fehlenden Kommas ein.

Abenteuerlicher Flug nach Schweden

- Schon die Fahrt mit dem Bus von Paderborn zum Flughafen am Niederrhein war außergewöhnlich da der Busfahrer sich nicht auf das Navigationsgerät sondern auf seinen angeblichen Orientierungssinn verließ.

- Am Ende kostete uns dies wenigstens eine Dreiviertelstunde Verspätung die ziemlich nervenaufreibend war.

- Hätten wir allerdings zu dem Zeitpunkt gewusst was uns noch bevorstand hätten wir wohl nichts gesagt.

- Weil der Flughafen recht übersichtlich war lief nach Ankunft am Flugschalter alles glatt und wir saßen alle glücklich und zufrieden auf unseren Sitzen.

- Dem einen oder anderen Schüler wurden dann zwar doch die Knie weich als der Flieger abhob aber dann waren wir in der Luft und freuten uns auf einen gemütlichen Flug.

- Der Abend nahte und man konnte nur noch die Lichter der Städte erkennen.

- Bald machte sich die Aufregung der Hinfahrt bemerkbar und immer mehr Schüler schliefen ein auch wenn die Sitze nicht sehr bequem waren.

- So bemerkten wir auch nicht dass der Pilot irgendwann die Richtung änderte und wieder heimatlichen Kurs nahm.

- Entsprechend groß war die Verwunderung als wir dann in den Landeanflug übergingen aber nicht in Schweden sondern wieder am Niederrhein landeten.

- Wegen technischer Probleme war der Pilot der noch neu in seinem Beruf war auf Nummer sicher gegangen und umgekehrt.

- So mussten wir erst eine ganze Zeit warten bis ein neuer Flug gestartet werden konnte.

Kommasetzung in komplexen Satzgefügen

Das Komma trennt einen Gliedsatz/Nebensatz ab, der nicht von einem Hauptsatz, sondern von einem anderen Gliedsatz/Nebensatz abhängt. In diesem Fall spricht man von einem **komplexen Satzgefüge**.

Beispiel:
Weil die Umweltbelastung, die durch den Flugverkehr verursacht wird, immer größer
Nebensatz 1   Nebensatz 2   Nebensatz 1

wird, <u>sollte man auf Flugreisen möglichst verzichten</u>.
Hauptsatz

1 Unterstreiche in den folgenden Sätzen jeweils die unterschiedlichen Glied-/Nebensätze und den Hauptsatz mit verschiedenen Farben.

- Die Unterkunft, die wir gebucht haben, bevor wir losgefahren sind, erwies sich als katastrophal.

- Um das Hotel, das mitten in der Stadt lag, die von vielen Menschen besucht wird, führte eine Hauptstraße.

- Viele Autofahrer, die auf der Hauptstraße fuhren, um in die Stadt zu gelangen, hupten unaufhörlich.

- Wir waren entsetzt, als wir merkten, dass wir auch nachts keine Ruhe finden würden.

- Obwohl unser Zimmer, das sich entgegen unseren Wünschen im Erdgeschoss befand, zum Hinterhof lag, drang der Lärm hinein.

- Weil wir nicht wollten, dass wir keine Nacht Ruhe finden, baten wir die Reiseleitung um ein Zimmer in einem anderen Hotel.

- Weil jedoch kein Zimmer frei war, das unserer Preisvorstellung entsprach, mussten wir noch zwei Tage in dem Lärm ausharren.

2 Setze in den folgenden Sätzen die fehlenden Kommas ein.

- Weil die Hinfahrt die über 10 Stunden dauerte sehr anstrengend war schliefen wir direkt nach der Ankunft erst einmal zwei Stunden.

- Obwohl es sehr heiß war weil es Mittag war und die Sonne schien schliefen wir tief und fest.

- Danach gingen wir um uns das Meer anzuschauen das nur wenige Schritte vom Hotel entfernt lag an den Strand.

- Weil wir unsere Badehosen die noch im unausgepackten Koffer lagen nicht mitgenommen hatten konnten wir nicht sofort schwimmen gehen.

- In den nächsten Tagen die voller Sonnenschein waren wie auch der Wetterbericht vorhergesagt hatte gingen wir mit großer Freude ins Wasser.

Kommasetzung bei Infinitivgruppen

Infinitivgruppen werden in der Regel durch Kommas vom übrigen Satz abgetrennt. Unter einer Infinitivgruppe versteht man einen Infinitiv mit *zu*, zu dem weitere Wörter bzw. Satzglieder hinzukommen. Eine Infinitivgruppe hängt von einem übergeordneten Satz ab. Sie kann vor oder hinter dem Hauptsatz stehen oder darin eingefügt sein. In letzterem Fall steht ein Komma vor und hinter der Infinitivgruppe.

Beispiele: Wir nahmen Skatkarten mit, um die Langeweile während der langen Fahrt zu vertreiben.
Um die Langeweile zu vertreiben, nahmen wir Skatkarten mit.
Wir nahmen, um die Langeweile zu vertreiben, Skatkarten mit.

In folgenden Fällen muss eine Infinitivgruppe durch Komma vom Hauptsatz abgetrennt werden:

a) Im übergeordneten Satz wird mit einem Nomen/Substantiv oder anderen Wörtern (z. B. *darauf, daran, dazu, damit, es*) auf die Infinitivgruppe hingewiesen.
   Beispiele: Der Busfahrer dachte nicht daran, das Navigationsgerät zu nutzen.
   Er hatte die Absicht, den Weg selbst zu finden.

b) Die Infinitivgruppe wird mit *um, ohne, statt, anstatt, außer, als* eingeleitet.
   Beispiel: Der Busfahrer vertraute seinem Orientierungssinn, anstatt das Navigationsgerät anzuschalten.

Dem Schreiber ist es freigestellt, ein Komma zu setzen, wenn kein Nomen/Substantiv oder ein anderes Wort im übergeordneten Satz auf die Infinitivgruppe hinweist, sie nicht mit *um, anstatt, ohne ...* eingeleitet wird oder wenn ein einfacher, nicht erweiterter Infinitiv vorliegt. Da die Kommasetzung für den Leser eine Hilfe sein kann, ist es in keinem Fall falsch, das Komma zu setzen.

Beispiele: Wir baten den Busfahrer(,) das Licht anzustellen.
Es war in der Dunkelheit nicht möglich(,) zu lesen.

---

1 Unterstreiche wie in dem Beispiel in den folgenden Sätzen den Infinitiv mit *zu* und versieh die Ausdrücke, die zu dem Infinitiv gehören und ihn erweitern, mit einer Wellenlinie. Zeichne um den Ausdruck im übergeordneten Satz, auf den sich die Infinitivgruppe bezieht bzw. um die Wörter *ohne, anstatt, außer, statt, als* einen Kasten.
Setze anschließend die Kommas.

Eine anstrengende Busfahrt

● Niemand hatte vor Antritt der langen Busreise daran gedacht, sich ausreichend mit Reiseproviant zu versorgen.

● Auch die Möglichkeit sich entspannt hinzusetzen war nicht immer gegeben.

● So baten schon bald die ersten Schüler darum eine Pause zu machen.

● Der Busfahrer musste aber daran denken seine vorgeschriebenen Ruhezeiten einzuhalten.

● So schnell kam es also nicht infrage eine Rast zu machen.

- Zum Glück hatten mehrere Schüler daran gedacht eine DVD mitzunehmen.

- Nach längeren Diskussionen gelang es sich auf einen Film zu einigen.

- Der Film half den Schülerinnen und Schülern dabei sich über die Unbequemlichkeiten hinwegzutrösten.

- So waren alle darüber erstaunt vom Busfahrer zu hören dass die lang ersehnte Pause anstehe.

- Ohne nach dem Zeitpunkt der Weiterfahrt zu fragen stürmten alle in die Raststätte.

- Der Anblick des Fast-Food-Restaurants verleitete viele Schüler dazu sich dort erst einmal zu verköstigen.

- Die Lehrer hatten alle Mühe damit die Schüler wieder in den Bus zu bekommen.

- Nach einer langen Fahrt freuten wir uns darüber am Ziel zu sein.

- Keiner mochte zu dem Zeitpunkt daran denken sich wieder auf den Heimweg machen zu müssen.

Texte zum Üben

1 In den folgenden Texten fehlen die meisten Kommas. Es handelt sich dabei um die Buchklappentexte der erfolgreichen Jugendbuchreihe „Die Tribute von Panem" von Suzanne Collins. Trage die fehlenden Kommas ein.

Suszanne Collins: Die Tribute von Panem – Tödliche Spiele

Als Katniss erfährt dass das Los auf ihre kleine Schwester Prim gefallen ist zögert sie keinen Moment. Um Prim zu schützen meldet sie sich an ihrer Stelle für die alljährlich stattfindenden Spiele von Panem – in dem sicheren Wis-
5 sen damit ihr eigenes Todesurteil unterschrieben zu haben. Denn von den 24 Kandidaten darf nur ein einziger überleben. Zusammen mit Peeta einem Jungen aus ihrem Distrikt wird Katniss in die Arena geschickt um sich dem Kampf zu stellen. Beiden ist klar dass sie sich früher
10 oder später als Feinde gegenüberstehen werden. Doch dann rettet Peeta Katniss das Leben ...

Suzanne Collins: Die Tribute von Panem – Gefährliche Liebe

Seitdem Katniss und Peeta sich geweigert haben einander in der Arena zu töten werden sie vom Kapitol als Liebespaar durch das ganze Land geschickt. Doch da ist auch noch Gale der Jugendfreund von Katniss. Und mit einem Mal weiß sie nicht mehr
5 was sie wirklich fühlt oder fühlen darf. Als immer mehr Menschen in ihr und Peeta ein Symbol des Widerstands sehen geraten sie alle in große Gefahr. Und Katniss muss sich entscheiden – zwischen Peeta und Gale zwischen Freiheit und Sicherheit zwischen Leben und Tod …

Suzanne Collins: Die Tribute von Panem – Flammender Zorn

Möge das Gute siegen! Möge die Liebe siegen! Das grandiose Finale! Katniss gegen das Kapitol! Schwer verletzt wurde Katniss von den Rebellen befreit und in Distrikt 13 gebracht. Doch ihre einzige Sorge gilt Peeta der dem Kapitol in die Hände gefallen
5 ist. Die Regierung setzt alles daran seinen Willen zu brechen um ihn als Waffe gegen die Rebellen einsetzen zu können. Gale hingegen kämpft weiterhin an der Seite der Aufständischen, und das, zu Katniss' Schrecken, ohne Rücksicht auf Verluste. Als sie merkt dass auch die Rebellen versuchen sie für ihre Ziele zu
10 missbrauchen wird ihr klar dass sie alle nur Figuren in einem perfiden Spiel sind. Es scheint ihr fast unmöglich die zu schützen die sie liebt …

2 Auch in den folgenden beiden Rezensionen, die sich auf die Verfilmung des ersten Bandes der Panem-Reihe und auf das ebenfalls sehr lesenswerte Buch „Die Bücherdiebin" von Markus Zusak beziehen, fehlen die Kommas. Trage sie ein.

David Kleingers
„The Hunger Games": „Twilight" ausgedämmert – jetzt kommen die Teen-Gladiatoren

Brot Spiele Sponsorenverträge: Im Endzeit-Spektakel „Hunger Games" kämpfen Pubertierende als Gladiatoren in Unterhaltungs-Shows.
Dieses Mädchen ist nicht aus Freude an der Natur im Wald unterwegs. Routiniert holt sie zunächst Pfeil und Bogen hervor die in einem hohlen Baumstamm
5 versteckt sind. Kurz darauf entdeckt sie ein Reh nimmt es ins Visier und wartet auf den Moment für den Schuss. Der kommt in diesem Fall zwar nicht aber wenn Hollywoods Nachwuchshoffnung Jennifer Lawrence als Katniss Everdeen in einer der ersten Szenen auf das Tier zielt dann offenbart ihr Gesicht mehr als die Entschlossenheit einer Jägerin. In ihrem Blick findet sich eine Ahnung davon
10 was der Akt des Tötens jenseits der Nahrungsbeschaffung bedeutet – gerade als Teenager in einem diktatorischen Zukunftsstaat der bei der Hatz zwischen Rehen und Menschen keinen Unterschied macht.
Zugleich liegt ein Versprechen in diesem Blick welches die Verfilmung von Suzanne

Szene aus „The Hunger Games“: Katniss (Jennifer Lawrence) und Gale (Liam Hemsworth)

Collins' Bestseller im weiteren Verlauf einlöst. Denn sie ist viel besser als sie sein
15 müsste. Schließlich war es angesichts des immensen kommerziellen Erfolgs der
Vorlage eigentlich nur eine Formsache dass Hollywood sich des 2008 veröffentlichten
Romans annimmt. „The Hunger Games“ – in Deutschland als „Die Tribute von
Panem“ erschienen – ist ein Buch das man mit 14 Jahren heiß und innig liebt.
Es ist aber auch eines das man als Leser jenseits der 30 nicht verschämt verste-
20 cken muss [...].

Aus: Spiegel online, 16.3.2012

Hilde Elisabeth Menzel
Ich bin nicht nett

Da fasst ein junger australischer Autor den Entschluss seinen neu-
en Roman in Deutschland während der NS-Zeit anzusiedeln und
in kürzester Zeit steht sein Buch auf den internationalen Bestsellerlisten. Ein Phänomen! Denn mehr als sechzig Jahre nach
5 Kriegsende sind die Verbrechen der Nazis so umfangreich dokumentiert wurde von den Leiden der Menschen so oft erzählt dass
man den Mut bewundert dem überfüllten Markt ein weiteres
Buch zu diesem Thema zuzumuten. Doch mit dem Kunstgriff
den Tod als Erzähler auftreten zu lassen ist Markus Zusak eine
10 aufregende Variante gelungen. Der Wechsel der Perspektive scheint
sich auszuzahlen. Und es ist ein ganz besonderer Tod ein humaner Tod sozusagen der mit seinem ironischen ja gelegentlich sarkastischen Ton
Distanz schafft zum ungeheuerlichen Geschehen sodass man die stellenweise allzu
große Intensität der Sprache und ein gewisses Pathos[1] gut verkraften kann. [...]

---

[1] **Pathos:** übertriebene Gefühlsregung

15 Es ist ein kleines Mädchen Liesel das dem Tod in einer Zeit am Herzen liegt in der er über die Maßen viel zu tun hat. „Es ist die Geschichte von einer beständig Überlebenden – von einer Expertin im Zurückbleiben."
Liesel bleibt zurück als ihr kleiner Bruder auf der Fahrt nach Süddeutschland stirbt und ihre Mutter – wie zuvor schon der Vater – für immer aus ihrem
20 Leben verschwindet. Hier – am Grab ihres Bruders – beginnt Liesels „Karriere als Bücherdiebin". Sie nimmt sich ein Buch als Ausgleich zum Verlust all dessen was ihr vertraut war. Ein seltsamer [...] Einfall des Autors zumal es sich bei dem Buch um das Handbuch für Totengräber handelt. Immerhin bringt ihr der liebevolle Pflegevater Hans Hubermann in Ermangelung anderer Lektüre mithilfe dieses
25 Buches das Lesen bei. Die Welt der Bücher und der Sprache wird für sie ein unverzichtbarer Trost in dieser finsteren Zeit.
Mit ihren Pflegeeltern in Molching nahe München hat Liesel Glück obwohl es etwas dauert bis sie das weiche Herz unter der rauen Schale von Rosa Hubermann erkennt. Dem Leser geht es ähnlich doch spätestens als Rosa zustimmt
30 dass ihr Mann den Juden Max Vandenburg im Keller versteckt hat sie ihn auf seiner Seite. Denn für die Hubermanns bedeutet dies auch eine Entscheidung gegen den eigenen Sohn der zu ihrem Kummer zum überzeugten Nazi geworden ist.
Die langsam wachsende tiefe Beziehung zwischen dem Kind Liesel und dem
35 Juden Max gehört zum Besten was dieser umfangreiche Roman voller Nebenstränge und Anekdoten aus Liesels Leben während des Krieges zu bieten hat. Es ist wunderbar als Liesel ihrem Max als Weihnachtsgeschenk einen Schneemann in seiner Kellereinsamkeit baut. „Es war der Beginn des großartigsten Weihnachtsfestes überhaupt. Wenig zu essen. Keine Geschenke. Aber im Keller stand ein
40 Schneemann."
Zwei Geschichten aus der Kindheit seiner deutschen Mutter waren es die Markus Zusak zu diesem Roman inspiriert hatten. Zum einen ihre Erinnerung an den blutroten Himmel über dem brennenden München und zum anderen an den Jungen der einem durch die Straßen getriebenen Juden ein Stück Brot reichte
45 und dafür von einem Soldaten geschlagen wurde.
Diese Szene hatte Martin Zusak im Sinn als er von Hans Hubermanns spontanem und folgenreichen Geschenk für einen der geschundenen Juden auf dem Marsch nach Dachau erzählt. Vielleicht aber war der Junge auch Vorbild für die Figur des mutigen Rudi Steiner Liesels liebsten Freund der den schwarzen Leicht-
50 athleten Jesse Owens verehrt was ihn dazu verleitet sich eines Nachts mit Kohle schwarz anzumalen und auf dem Sportplatz ein einsames 100-Meter-Rennen zu laufen – ein wahrlich tollkühnes Unterfangen in Zeiten tödlichen Rassenhasses. Auch Rudi gilt die Zuneigung des Todes doch ihn kann oder will er nicht retten. Liesels Überleben genügt ihm.
55 Die Frage erübrigt sich fast ob jugendliche Leser mit dem sehr umfangreichen Roman und seinem stellenweise sarkastischen Ton überfordert sind da die beiden überaus liebenswerten literarischen Figuren tiefe Betroffenheit auslösen. Die Absicht des Romans den Irrsinn des Krieges an den Pranger zu stellen ist nicht zu überlesen.

Aus: Zeit online, 19.5.2008

Diktate für alle Gelegenheiten –
Aus Wissenschaft und Technik

Mit den folgenden Diktaten könnt ihr auf diese Weise üben:

- Erklärt euch gegenseitig die Schreibweise der Wörter mit den fett gedruckten Buchstaben.
- Arbeitet in gleicher Weise mit der Zeichensetzung. Warum stehen die gesetzten Kommas in den Texten?
- Schwierige Wörter solltet ihr herausschreiben und ihre Wörterumrisse zeichnen.
- Schaut eventuell im Wörterbuch nach, wenn euch die Bedeutung nicht klar ist.
- Aus den Wörtern, die markiert sind, könnt ihr zunächst ein Wortdiktat erstellen.
- Diktiert euch anschließend gegenseitig den Text so, dass nach jedem Satz oder Abschnitt die Rolle des Schreibenden und des Diktierenden wechselt.

Wie funktioniert ein Aufzug?

Ein Aufzug ist eine **Kabine**,/die an **Führungsschienen** eines Aufzugsschachts/auf- und **abfährt**./Die Kabine hängt an Seilen,/die oben über einen **Flaschenzug** laufen,/der von einem **Elektromotor** angetrieben wird. Am anderen Ende des Seils/ist ein Gegengewicht **befestigt**,/ **das genauso schwer** ist wie die Kabine,/**sodass** (so dass) der Motor/nur das Gewicht der
5 **Passagiere** heben muss./Eine **Vorrichtung**/zur **Begrenzung** der **Zuggeschwindigkeit** der Seile/ und eine Sicherungseinrichtung unter der Kabine/sorgen dafür,/**dass** die Kabine nicht **herunterfällt**./Selbst wenn diese Sicherungen ausfallen,/**fängt** ein **Stoßdämpfer** die Kabine sicher ab.

Wie funktioniert ein Flaschenzug?

Wenn ein Körper zu **schwer** ist, um direkt angehoben werden zu **können**, kann man ein Seil über eine Rolle legen, sie oben an einem **Querbalken** befestigen und den Körper an dem Seil **hochziehen**.
Eine so verwendete Rolle nennt man Flaschenzug. Die **zum Ziehen** des Seils erforderliche
5 Kraft entspricht dem **Gewicht** des Körpers. Der Körper **bewegt** sich um **die gleiche** Strecke nach oben, um die das Seil nach unten gezogen wird.
Wird das Seil über **mehrere** Rollen gespannt, ist der **Kraftaufwand zum Heben** der Körper **wesentlich** niedriger. Bei zwei Rollen ist **die obere** fest, die untere Rolle frei **beweglich**. Wird am Seil gezogen, geht die untere Rolle nach oben, um den Körper **hochzuziehen**.
10 Um einen Körper einen Meter **hochzuheben**, muss man das Seil **zwei Meter weit** ziehen. Das Seil legt also immer die doppelte **Strecke** zurück, um die der Körper angehoben wird.

Wie zieht ein Kran eine Last hoch?

Zum Heben schwerer Lasten/nutzen Kräne das **Prinzip** des **Flaschenzugs**./Der Flaschenzug befindet sich/am Ende eines langen Arms (Ausleger),/der über die Last **geschwenkt** wird./ Ein Haken am Ende des unteren Flaschenzugs/wird **herabgelassen**/und die Last daran **befestigt**./Das andere Seilende wird/an einer Trommel unten am Kran befestigt./Die Trommel dreht
5 sich,/um das Seil auf- und **abzuspulen**/und so die Last **zu heben**/oder **herabzulassen**./
Ein **fahrbarer** Kran/**läuft** auf Rädern(,)/und sein Ausleger wird/mit einer **hydraulischen Vorrichtung bewegt**./
Turmdrehkräne werden auf Baustellen **benutzt**/und haben einen langen,/**horizontalen** Ausleger.

118

Wie wird Stahl erzeugt?

Eisen wird **hauptsächlich**/in Form von Stahl **verwendet**,/der vom Aufbau her/eine **Eisen-Koh-**
lenstoff-Legierung ist,/der andere **Elemente** zugefügt werden können./Eisen kommt in **Eisen-**
mineralien/oder in **Erzen** vor,/die **überwiegend** aus/Sauerstoff-Eisen-Verbindungen bestehen.
Es wird in Hochöfen gewonnen,/in denen das **Eisenerz**/mit **Koks** und Kalkstein **erhitzt** wird./
5 Aus dem erhaltenen **Roheisen** wird/in einem anderen Ofen/oder **Konverter** Stahl hergestellt./
Durch oder auf das **flüssige** Roheisen/wird Luft oder Sauerstoff geblasen,/was den Kohlen-
stoff/**fast völlig verbrennt**./
Stahl ist ein hartes,/**widerstandsfähiges** Metall/und **relativ** billig **herzustellen**./Aus Stahl
werden alle **möglichen** Dinge hergestellt,/von Stiften und Nadeln/bis zu **Eisenbahnen** und
10 **Wolkenkratzern**./
Normalstahl **korrodiert**,/da sich das darin **enthaltene** Eisen/mit dem Sauerstoff der Luft
verbindet./So bildet sich Rost./
Rostfreier Stahl rostet deshalb nicht,/weil er sehr hohe/**Chrom- und Nickelanteile** enthält.

Warum fühlen sich einige Stoffe kühler an als andere?

Metall fühlt sich normalerweise kühl an,/ein **Holzgegenstand** dagegen weniger(,)/und Stoff
fühlt sich **überhaupt nicht** kühl an./Und dennoch haben alle diese **Materialien**/genau **dieselbe**
Temperatur./
Der Grund dafür ist,/**dass** die Fingerspitzen des Menschen/wärmer als die **Gegenstände** sind./
5 Deshalb **fließt** Wärme/von den Fingerspitzen zum Metall,/wobei ihre Temperatur **stark sinkt**,/
sodass (so dass) die Gegenstände sich **kalt** anfühlen./
Die **meisten** Metalle sind gute **Wärmeleiter**./**Holz** eignet sich hierfür nur **bedingt**,/Stoff
gewissermaßen **gar nicht**./
Deshalb geht **beim Berühren**/weniger Wärme an den Fingerspitzen verloren(,)/und die
10 Gegenstände fühlen sich nicht so kalt an.

Was ist Reibung?

Bremsung und **Luftwiderstand**/sind Beispiele für **Kräfte**,/die **Reibung** genannt werden./
Reibung tritt bei allen **Maschinen** auf/und **bewirkt** immer **ein Abbremsen**./Sie entsteht durch
das Reiben/eines Teils oder **Materials** an einem anderen./
Reibung **erzeugt** Hitze und Lärm/und **lässt Energie** verpuffen,/kann aber auch gezielt **einge-**
5 **setzt** werden,/wenn beispielsweise ein Speedwayfahrer/**beim Kurvenfahren**/mit dem **Fuß**
zusätzliche Reibung herstellt.

Teste dein Wissen

Mithilfe dieses Arbeitsheftes hast du gelernt, in den unterschiedlichen Bereichen des Faches Deutsch sicherer zu werden. Im Folgenden kannst du überprüfen, was du alles gelernt hast. Kreuze die richtigen Antworten an. Wenn du dir bei einigen Antworten noch unsicher bist, wiederhole die Übungen auf den Seiten, die jeweils angegeben sind.

Erzähltexte beschreiben und deuten

In der Einleitung zu einer Textanalyse (S. 14)
❏ nennt man Titel, Verfasser, Textsorte und eventuell das Erscheinungsjahr des Textes.
❏ legt man das Thema bzw. die Problematik des Textes dar.
❏ nennt man die Anzahl der Zeilen bzw. der Seiten, die der Text umfasst.
❏ gibt man einen kurzen Handlungsüberblick.

Welche Erzählform gibt es? (S. 15)
❏ Eine Er-/Sie-Erzählung
❏ Eine Wir-Erzählung
❏ Eine Ich-Erzählung

Wird das Geschehen vom Erzähler wie von einem unsichtbaren Beobachter dargelegt und nur aus der Sicht eines Außenstehenden erzählt, spricht man von (S. 15)
❏ neutralem Erzählverhalten.
❏ auktorialem Erzählverhalten.
❏ personalem Erzählverhalten.

Kreuze an, in welchem Satz richtig zitiert wird. (S. 20)
❏ Der unvermittelte Einstieg in die Erzählung „Diese Tussi!" führt den Leser gleich in die Gedankenwelt der Ich-Erzählerin.
❏ Der unvermittelte Einstieg in die Erzählung Diese Tussi! (Z. 1) führt den Leser gleich in die Gedankenwelt der Ich-Erzählerin.
❏ Der unvermittelte Einstieg in die Erzählung „Diese Tussi!" (Z. 1) führt den Leser gleich in die Gedankenwelt der Ich-Erzählerin.

Die Exposition eines Schauspiels untersuchen

Die Exposition eines Schauspiels ist (S. 25)
❏ der Höhepunkt der Handlung.
❏ der Schluss der Handlung.
❏ die Einführung in die Handlung.

Ein Gedicht beschreiben und deuten

Bei der Gedichtzeile „Die muntern Vögel, lieberwärmt" handelt es sich um (S. 39)

❒ einen dreihebigen Trochäus.

❒ einen vierhebigen Daktylus.

❒ einen vierhebigen Jambus.

❒ einen dreihebigen Anapäst.

Bei der Formulierung „der Frühling ist erwacht" handelt es sich um (S. 40)

❒ eine Metapher.

❒ ein Symbol.

❒ eine Personifikation.

❒ einen Vergleich.

Zeitungsartikel analysieren

Zu den meinungsbildenden Texten in einer Zeitung gehören (S. 44)

❒ die Zeitungsnachricht.

❒ der Kommentar.

❒ der Zeitungsbericht.

❒ der Leserbrief.

❒ die Hochzeitsanzeige.

❒ die Filmrezension.

In einer Zeitungsreportage berichtet ein Reporter (S. 47)

❒ sachlich, distanziert, neutral über ein Geschehen.

❒ anschaulich aus seiner Sicht, unter Einbeziehung persönlicher Gefühle.

Werbung – Die geheime Verführung

Werbung hat das Ziel (S. 52)

❒ den Leser/Betrachter zum Kauf eines Produktes aufzufordern.

❒ den Leser/Betrachter sachlich zu informieren.

❒ den Leser/Betrachter von der Qualität eines Produkts zu überzeugen.

Eine wichtige Wortart für die Werbung ist (S. 55)

❒ der Artikel.

❒ die Präposition.

❒ das Adjektiv.

Eine Erörterung schreiben

Ein Argument wirkt überzeugender, wenn es belegt wird mit (S. 57)
❏ Gerüchten, die man gehört hat.
❏ Hinweisen auf eigene Erfahrungen.
❏ nachweisbaren Tatsachen.
❏ der Berufung auf die Meinung deines besten Freundes.
❏ der Berufung auf anerkannte Autoritäten.

Die Einleitung einer Erörterung (S. 61)
❏ soll den Leser in das Thema einführen.
❏ soll schon einmal die wichtigsten Argumente vorwegnehmen.

Beim Hauptteil einer antithetischen Erörterung ist es besser (S. 58)
❏ wenn man bei der Pro-Argumentation mit dem stärksten Argument beginnt und dann zu den schwächeren übergeht.
❏ wenn man bei der Kontra-Argumentation mit dem schwächsten Argument beginnt und das stärkste zum Schluss nennt.
❏ wenn man bei der Pro-Argumentation die Argumente steigert vom schwächsten zum stärksten.
❏ wenn man bei der Kontra-Argumentation das stärkste Argument zuerst und das schwächste zuletzt nennt.

Wortarten

Die Begriffe „heute" und „dort" sind (S. 67)
❏ Adverbien.
❏ Adjektive.
❏ Präpositionen.

Der Modus

Der Konjunktiv II stellt eine Aussage dar als (S. 70)
❏ tatsächlich.
❏ gewünscht.
❏ vorgestellt.
❏ äußerst wahrscheinlich.
❏ nicht wirklich.

Welche Aussagen sind grammatisch richtig formuliert? (S. 71)
❏ Wärest du ein Zauberer, dann gebe es nur Sonnenschein.
❏ Wärest du ein Zauberer, dann gäbe es nur Sonnenschein.
❏ Würdest du ein Zauberer sein, gäbe es nur Sonnenschein.

Er sagte: „Wir kommen erst am Nachmittag." Welche Umformung in indirekte Rede ist korrekt?(S. 75 ff.)

❏ Er sagte, sie kommen erst am Nachmittag.
❏ Er sagte, sie kämen erst am Nachmittag.
❏ Er sagte, sie würden erst am Nachmittag kommen.

Genus verbi

In welcher Aussage liegt ein täterloses Passiv vor? (S. 78)

❏ Der Panamakanal wurde 1914 fertiggestellt.
❏ Die beliebte Wasserstraße wird von vielen Schiffen passiert.
❏ Die Arbeiten wurden eingestellt.

Adverbialsätze

Sie übten fast täglich, weil sie die Meisterschaft gewinnen wollten.
In dieser Aussage ist der Glied-/Nebensatz ein (S. 89)

❏ Temporalsatz.   ❏ Finalsatz.
❏ Kausalsatz.   ❏ Konditionalsatz.

Komplexe Satzgefüge

„Weil ich glaube, dass es regnen wird, nehme ich mir einen Regenschirm mit."
Welche grafische Darstellung passt zu diesem Satzgefüge? (S. 92)

❏

                                 ————————
                                 Hauptsatz

~~~~~~~~~~~~~~~~~
Nebensatz 1. Ordnung

                 ~~~~~~~~~~~~~~~~~
                 Nebensatz 2. Ordnung

❏

  ————————
Hauptsatz

                ~~~~~~~~~~~~~~~~~
                Nebensatz 1. Ordnung

                                 ~~~~~~~~~~~~~~~~~
                                 Nebensatz 2. Ordnung

Groß- und Kleinschreibung

Welcher Satz ist richtig geschrieben? (S. 95)

❏ Bei dem ganzen Hin und Her des Streiks war das Fahren mit der Bahn sehr unsicher.

❏ Bei dem ganzen hin und her des Streiks war das Fahren mit der Bahn sehr unsicher.

❏ Bei dem ganzen hin und her des Streiks war das fahren mit der Bahn sehr unsicher.

Zusammen- und Getrenntschreibung

Was ist richtig? (S. 100 f.)

❏ Ich habe den Pokal schon einmal gewonnen, jetzt möchte ich ihn wiedergewinnen.

❏ Ich möchte dein Vertrauen wiedergewinnen.

❏ Ich habe den Pokal schon einmal gewonnen, jetzt möchte ich ihn wieder gewinnen.

❏ Ich möchte dein Vertrauen wieder gewinnen.

Was ist richtig? (S. 100 f.)

❏ Ski laufende Menschen

❏ skilaufende Menschen

❏ Ich möchte im Winter Ski laufen.

❏ Ich möchte im Winter skilaufen.

Kommasetzung

Kreuze an, welche Regel zutreffend ist. (S. 110)

❏ Eine Aufzählung von mehreren vollständigen Hauptsätzen kann durch ein Komma getrennt werden, wenn die Trennung durch einen Punkt als zu stark empfunden wird.

❏ Vor Konjunktionen, die einen Gegensatz ausdrücken, wie *aber, sondern, doch, jedoch* ist es dem Schreiber freigestellt, ob er ein Komma setzen will oder nicht.

❏ Haupt- und Glied-/Nebensatz werden nur dann durch Komma getrennt, wenn der Glied-/Nebensatz hinter dem Hauptsatz steht.

❏ Eine Infinitivgruppe muss dann durch Komma vom Hauptsatz abgetrennt werden, wenn im übergeordneten Satz mit einem Nomen/Substantiv oder anderen Wörtern (z. B. *daran, darauf, dazu, damit, es*) darauf hingewiesen wird.

Textquellen

(Die Seitenzahlen in Klammern beziehen sich auf die Lösungen.)

S. 4–5 (S. 1): Erich Kästner: Besuch vom Lande. Aus: Erich Kästner für Erwachsene. Ausgewählte Schriften. Zürich: Atrium Verlag 1983, S. 196; S. 5–6 (S. 1–2): Erich Kästner: Stiller Besuch. Aus: Erich Kästner: Doktor Erich Kästners Lyrische Hausapotheke. Zürich: Atrium Verlag o. J.; S. 7: Heinrich Pleticha: Erich Kästner – eine Kurzbiografie. Aus: dtv junior Literatur-Lexikon. 9. überarbeitete Auflage. Herausgegeben von Heinrich Pleticha. München: Deutscher Taschenbuch Verlag 1986. Berlin: Cornelsen 1996, S. 168; S. 9–10: Johannes Diekhans: Eure Sprache ist eine Katastrophe. Originalbeitrag; S. 12: Tanja Zimmermann: Eifersucht. Aus: Total verknallt. Herausgegeben von Martin Bolte. Reinbek bei Hamburg: Rowohlt Verlag 1984, S. 56; S. 23–24: Dietrich Herrmann: Der Hauptmann von Köpenick. Originalbeitrag; S. 25–27, S. 29–30 (S. 8): Carl Zuckmayer: Der Hauptmann von Köpenick (Auszüge). Frankfurt/M.: S. Fischer Verlag o. J.; S. 27: Dietrich Herrmann: Die Wilhelminische Zeit. Originalbeitrag; S. 36–37: Adelbert von Chamisso: Frühling und Herbst. Aus: Sämtliche Werke in zwei Bänden. Nach dem Text der Ausgaben letzter Hand und den Handschriften. Textredaktion: J. Perfahl, Band 1 München 1975. Hier entnommen aus: Romantik. Lyrik mit Materialien. Textauswahl H. H. Ewers. Stuttgart: Klett Editionen für den Literaturunterricht 1984; S. 44: „Washington/Seattle (dpa). Nach einem Unfall ...". Bericht im Westfalen-Blatt Nr. 227 vom 29./30.9.2007; S. 45–46: Hubertus Gärtner: Illegale Anbieter beherrschen den Sportwetten-Markt. Artikel in der Lippischen Landes-Zeitung vom 1.1.2015; S. 47–48: Helfen wichtiger als gewinnen. Bericht im Westfalen-Blatt vom 29./30.9.2007; S. 49–50 (S. 13): Wildwuchs. Kommentar von Hubertus Gärtner in der Lippischen Landes-Zeitung vom 1.1.2015; S. 51 (S. 14): Susanne Sitzler: Ratatouille. Eine Ratte mit Geschmack. Rezension in: Fluter. Magazin der Bundeszentrale für politische Bildung. http://film.fluter.de/de/231/kino/6303/ [16.4.2015]; S. 68: Wüstensturm. Junge Raver machen die Sandtäler Jordaniens zum Dancefloor. Bericht in der Frankfurter Allgemeinen Sonntagszeitung vom 19.8.2007, bearbeitet; S. 79 (S. 24–25): Die Geschichte des Panamakanals. Originalbeitrag; S. 82–83 (S. 26–27): Sylvia Englert: Wie dpa meldet. Aus: Sylvia Englert: Medienmacher. Nachrichten, Soaps und Online-Magazine. Hamburg: Ellermann 2002, S. 35–37; S. 84–85 (S. 27): Unser Kalender. Nach: Bernd-R. Zabel: Diktat Plus. Erarbeitung/Übung/Integration – 150 Diktate mit Arbeitsvorschlägen für Klasse 5–10. Paderborn: Schöningh 1987, S. 120; S. 88 (S. 28): Wirbelstürme. Nach: Bernd-R. Zabel: Diktat Plus. Erarbeitung/Übung/Integration – 150 Diktate mit Arbeitsvorschlägen für Klasse 5–10. Paderborn: Schöningh 1987, S. 115; S. 91 (S. 29): Der Smutje. Nach: Bernd-R. Zabel: Diktat Plus. Erarbeitung/Übung/Integration – 150 Diktate mit Arbeitsvorschlägen für Klasse 5–10. Paderborn: Schöningh 1987, S. 110; S. 93–94: Der Einfluss der Griechen und Römer. Originalbeitrag; S. 97–98 (S. 32–33): Sylvia Englert: Schreib's doch einfach auf! Aus: Sylvia Englert: Medienmacher. Nachrichten, Soaps und Online-Magazine. Hamburg: Ellermann 2002, S. 9–11; S. 98–99 (S. 33): Comic. Aus: dtv junior Literatur-Lexikon. Sprache, Lebensbilder, literarische Begriffe und Epochen. Hrsg. von Heinrich Pleticha. München: Deutscher Taschenbuch Verlag. Berlin: Cornelsen, ¹⁶2004, S. 32–34 (gekürzt); S. 104 (S. 35): Welche Religion hatten die alten Griechen? Aus: Allgemeinwissen für Schüler. 555 Fragen und Antworten. Würzburg: Arena Verlag 1997, entnommen der Taschenbuchausgabe 2005, S. 218 f.; S. 104 (S. 35): Was berichtet die Sage vom Minotaurus? Aus: Allgemeinwissen für Schüler. 555 Fragen und Antworten. Würzburg: Arena Verlag 1997, entnommen der Taschenbuchausgabe 2005, S. 215 f., leicht geändert; S. 105 (S. 35): Wie wurden die Mumien im alten Ägypten konserviert? Aus: Allgemeinwissen für Schüler. 555 Fragen und Antworten. Würzburg: Arena Verlag 1997, entnommen der Taschenbuchausgabe 2005, S. 213 f.; S. 108: WAHRIG. Die deutsche Rechtschreibung. Neuausgabe 2006, Wissen Media Verlag, Gütersloh/München 2006, S. 880; S. 114 (S. 40): o. V.: Die Tribute von Panem – Tödliche Spiele. Klappentext zum 1. Roman der „Tribute von Panem"-Reihe von Suzanne Collins. Verlag Friedrich Oetinger, Hamburg 2009; S. 115 (S. 40): o. V.: Die Tribute von Panem – Gefährliche Liebe. Klappentext zum 2. Roman der „Tribute von Panem"-Reihe von Suzanne Collins. Verlag Friedrich Oetinger, Hamburg 2010; S. 115 (S. 40): o. V.: Die Tribute von Panem – Flammender Zorn. Klappentext zum 3. Roman der „Tribute von Panem"-Reihe von Suzanne Collins. Verlag Friedrich Oetinger, Hamburg 2011; S. 115–116 (S. 40–41): David Kleingers: „The Hunger Games": „Twilight" ausgedämmert – jetzt kommen die Teen-Gladiatoren (Auszug). Spiegel online, 16.3.2012: http://www.spiegel.de/kultur/kino/the-hunger-games-die-tribute-von-panem-mit-jennifer-lawrence-a-821750.html [16.4.2015]; S. 116–117 (S. 41–42): Hilde Elisabeth Menzel: Ich bin nicht nett. Zeit online, 19.5.2008: http://www.zeit.de/2008/21/KJ-Zusak-NL [16.4.2015], leicht geändert; S. 118: Wie funktioniert ein Aufzug? Aus: Allgemeinwissen für Schüler. 555 Fragen und Antworten. Würzburg: Arena Verlag 1997, entnommen der Taschenbuchausgabe 2005, S. 163; S. 118: Wie funktioniert ein Flaschenzug? Aus: Allgemeinwissen für Schüler. 555 Fragen und Antworten. Würzburg: Arena Verlag 1997, entnommen der Taschenbuchausgabe 2005, S. 161 f.; S. 118: Wie zieht ein Kran eine Last hoch? Aus: Allgemeinwissen für Schüler. 555 Fragen und Antworten. Würzburg: Arena Verlag 1997, entnommen der Taschenbuchausgabe 2005, S. 162 f.; S. 119: Wie wird Stahl erzeugt? Aus: Allgemeinwissen für Schüler. 555 Fragen und Antworten. Würzburg: Arena Verlag 1997, entnommen der Taschenbuchausgabe 2005, S. 154; S. 119: Warum fühlen sich einige Stoffe kühler an als andere? Aus: Allgemeinwissen für Schüler. 555 Fragen und Antworten. Würzburg: Arena Verlag 1997, entnommen der Taschenbuchausgabe 2005, S. 150 f.; S. 119: Was ist Reibung? Aus: Allgemeinwissen für Schüler. 555 Fragen und Antworten. Würzburg: Arena Verlag 1997, entnommen der Taschenbuchausgabe 2005, S. 159

Bildquellen

|action press, Hamburg: Collection Christophel 116. |akg-images GmbH, Berlin: Lessing, Erich 64; © VG Bild-Kunst, Bonn 2015 63. |alamy images, Abingdon/Oxfordshire: ART Collection 99; © Peter Horree / VG Bild-Kunst, Bonn 2015 66. |Berghahn, Matthias, Bielefeld: 12, 73, 78, 85, 91, 119. |Beta Film GmbH, Oberhaching: 30. |bpk-Bildagentur, Berlin: 24. |Deutsches Literaturarchiv Marbach, Marbach am Necker: 6. |fotolia.com, New York: Fotokon 94; goodluz 32; Halfpoint 111; Jansen, Jan 63; Rhombur 104. |Fotostudio Henke, Paderborn: 62. |FUNKE Programmzeitschriften GmbH - Mantel-redaktion Programmzeitschriften, Hamburg: 54. |Picture-Alliance GmbH, Frankfurt/M.: 23; akg-images 4, 28, 36; dpa 23, 51; dpa / Stache, Soeren 70; dpa / Wittek, Ronald 48; dpa/DB Nasa 88; dpa/epa efe Alejandro Bolivar 79. |Siewert, Falko, Berlin: 68. |Trümper, Jürgen: 47. |Verlag Friedrich Oetinger GmbH, Hamburg: Suzanne Collins: Die Tribute von Panem - Flammender Zorn. Verlag Friedrich Oetinger, Hamburg 2011 115; Suzanne Collins: Die Tribute von Panem - Gefährliche Liebe. Verlag Friedrich Oetinger, Hamburg 2010 115; Suzanne Collins: Die Tribute von Panem - Tödliche Spiele. Verlag Friedrich Oetinger, Hamburg 2009 114. |Verlagsgruppe Random House GmbH, München: Markus Zusak: Die Bücherdie-bin, Blanvalet 2009 116. |Zentis GmbH & Co. KG, Aachen: 52.